究極のメンタルをつくる!

（対自分・対他者 心のトレーニング）

ヨガ×武道

自己と向き合い、
他者と向き合う。ヨガと武道で
メンタルは完成する!

小沢 隆
空手道禅道会

辻 良史
サイバー・ヨガ研究所

BAB JAPAN

前書き

本書はあらゆる分野の方に対して具体的に心を強くする方法について書いた本です。

私は幼少期にアメリカと日本を行き来し、その慣れない環境から自律神経失調症となってアトピーやぜんそく、腹痛に日々悩まされていました。そういった体験から自然に自律神経や脳、心の分野に関心を抱くようになり、その道を志すようになりました。心理学や心身医学、コーチングやメンタルに関するありとあらゆる本を読みました。しかし、そのほとんどが抽象的であったり、観念的なものでした。

肉体における筋力トレーニングのように具体的に心を鍛える方法論はないものなのだろうか？と常に疑問を感じていました。そして、たまたま書店で手にした『ストレスとヨーガ・セラピー』(K.N.ウドゥパ著／出帆新社) という本でその後の私の人生は大きく変わっていくのです。

この本にはヨガに関する生理学的なデータ、ストレスや健康面への有効性について事細かに書かれていました。見えないとされてきた心やストレスに対して科学的に解明していく姿勢に強く感銘を受けました。

私は心と体を分けて考えるのではなく、イメージや考えで心を変えようとするよりも身体を整え、呼吸を整えることで脳機能が変わり心の在りようも変わっていくのだということに気づきました。

自らのヨガの実践と研究活動から伝統的に良いものはそのまま受け継ぎ、常により良い方法を古今東西問わず取り入れていきました。まさに今から40年以上前、ブルース・リーは敵を倒すのに中国式であろうと日本式であろうと西洋式であろうと…そういったものはあまり意味をなさない…重要なことはいかに素早く敵を倒すかだと語っていました。私もこのブルース・リーの哲学に傾倒し、東洋のスタイル、西洋のスタイルという枠組みにとらわれず、いかにストレスや不安という敵を素早く倒すかだ!と考えていました。それが現在の私のスタジオで提供させていただいているヨガ・プログラムの原点なのです。

ヨガに取り組んでからはや20年近くもの歳月が流れていきましたが、私の心の中に残されたのは果たして自分が取り組んできたヨガが実践面、つまり臨床現場で実際に役に立つのか?ということでした。

そんな折『月刊 秘伝』の取材から空手道禅道会の小沢隆先生とのご縁をいただき、空手の選手へのメンタル・トレーニングの一環としてヨガや脳波を活用した最新型のメンタル・トレーニング（サイバーヨガ）による介入研究を試みようということになりました。その時小沢先生は、ヨガと空手は似ているところがたくさんあるとお気づきになり、ヨガが静的な禅なら空手は動的な禅、型稽古と組手のように両方学んでいく必要性を感じていただいたようです。

ヨガは試合などの実践面で役に立ってこそ意味があります。現代のようにスタジオや道場だけでリラックスできても不十分なのです。元来、ヨガはヒマラヤという悪環境の中で育まれてきたものです。つまりストレスフルな環境下においていかに平常心を保つかというテクニックがたくさん詰まっているのです。そしてヨガは精神面だけでなく肉体面への効果も大変優れています。実際にヨガのトレーニングによって空手の技法にどのような効果がもたらされるのかについても第6章にて明記させていただきました。

一人でも多くの方々にヨガによって強靭な肉体と精神を手にしていただき、少しでもこのストレス社会を強く生き抜く手助けとなりましたら幸いです。

２０１６年5月

サイバー・ヨガ研究所　辻　良史

前書き

私は、ＮＰＯ法人日本武道総合格闘技連盟理事長と空手道禅道会首席師範を務めます、小沢隆と申します。また、当法人内部で運営する通信制高校サポート校、自立支援施設ディヤーナ国際学園の名誉学園長も兼任しております。武道教育をベースにしながらも、一般教育に日頃から深く関わりながら活動をしております。

私が、サイバー・ヨガ研究所の辻 良史先生とお会いしたきっかけは、『月刊 秘伝』でヨガの呼吸や最新の脳波学習システムが集中力にどのような影響を及ぼすかというテーマで、禅道会に所属するプロ選手をモニターに、３か月に及ぶ長期取材が行われたことでした。

心や集中力等は抽象的で、普段の日常の中では主観的にしか感じられないような事柄ですが、この取材では、自律神経や脳波の測定で数値化することによって、より具体的に成果にアプローチができました。実戦性を重んじる禅道会や、現実的な、社会適応を成果とするディヤーナ国際学園を運営する私にとっては、とても具体性に満ちたアプローチで我が意を得た思いでした。

また、ヨガの呼吸法を学ぶ過程の中で、禅道会の技術や武道呼吸と驚くほどの類似点があることがわかり、元を辿れば同根の文化だと確信した次第です。

現代は生活様式などの大きな変化により、以前はある程度生活の中で可能であった〝丹田の意識〟やそれから生じる基礎呼吸力の養成が難しい時代だと思います。武道には当然基礎体力が必要なように、武道の大切な技術の一つである呼吸法をマスターするために基礎呼吸力をつけることは、根源的な意味においては基礎体力をつける以上に重要な位置を占めています。

先述しましたように武道の呼吸法は元を辿ればヨガの呼吸法に行き着くと思います。そのヨガ呼吸法を学べば武道呼吸の完成に役立つことがわかりました。かつその結果をある程度数値化することで、その成果を客観的に把握できます。

私にとって、呼吸法の習得と体幹部の身体操作に伴う精神集中は、抽象的な表現でしか伝える事ができず、学ぶ側のセンスに委ねられ具体的な指導は難しいと感じていたので、長年指導モチベーションが上がりませんでしたが、これが浸透すれば、より具体的なアプローチが可能になります。格闘技のみならずあらゆる方面でも活用可能な先人の智慧である武道の体系の確かさも証明でき、とても有意義だと思っています。

私自身、武道呼吸に役立つと思われるヨガ呼吸法を、毎日、呼吸と体幹操作の基礎体力作りと捉えて実践しています。

連綿と続く東洋の文化が様々な土着性と融合しながらも確かに伝承され私達の精神文化を根底で支えて来たのだと武道空手道を通して気づかされました。

読者の皆さまに置かれましては閉塞感に満ちた現代社会に生きる子供達や社会人のストレス等を、東洋文化の叡智であるヨガや武道空手道を学ぶ事によりぜひ解消して頂き、自らの心を護り、自らを受け入れ、他者を尊敬して、希望に満ちた人生となりますようにご祈念申し上げます。

２０１６年５月

ＮＰＯ法人日本武道総合格闘技連盟　理事長

空手道禅道会　首席師範　小沢隆

ヨガ×武道　究極のメンタルをつくる！　目次

第7章 〝対人〟から養われるメンタリズム（小沢隆）……… 137

第8章 メンタル・トレーニングの最新型〝サイバーヨガ〟（辻良史）

後書き

1

— 第1章 —

試合で力が出せる人と出せない人

1　無敗の女王が敗れた時

もう10年以上前の話になります、最近の格闘技ファンにはすでに知らない人もいるのかもしれませんが、かつて私が主催する空手道禅道会で対日本人10年間無敗の女子選手がいました。その名は石原美和子、破壊力抜群のパンチで試合はほとんど1、2分で決着がついてしまう。

「このままでは対戦相手がいなくなってしまう。パンチは使わずできるだけ寝技で仕留めるように」と指示を出せば相手を外掛けで倒し、上からの関節技でギブアップを奪っていく。どちらにしろ対戦相手は減っていくばかり……。そういえばリングサイドで、彼女の試合を見ていた私の所に対戦相手の奥歯が飛んで来たこともありました（笑）。

身長155センチ体重73キロの体格の彼女、さぞかしフィジカルが高いと思われがちでしたが、実はベンチプレスで40キロも上がらない、ランニングも苦手で心肺機能もそれほど強くありませんでした。

逆に当時パートナーとして一緒に同じメニューで稽古していた、一時期、軽量級最強と言われていた、金子真理は身長150センチ体重50キロしかない小柄な体格ですが怪力で、ベンチプレス75キロを上げていました。しかし、彼女には石原美和子ほどの強烈なパンチ力や、ここ一番の時の勝負強さには難のある選手でした。このことからも試合ぶりを見て想像されるような、桁外れのフィジカルで相手を圧倒していたのではなかったことがわかると思います。それではなぜ、石原美和子は強烈なパンチ力、冷静に相手を仕留めるグラップリング力を身につけられたのでしょう？

禅道会の石原美和子（写真左）と金子真理（同右）

その秘密は元々彼女を直接指導するきっかけにありました。当時、彼女は人間関係でかなり悩んでいる時期があり、あまり人と関わりたくなかったので、彼女が道場長を勤めていた松尾道場というところで約一年間、基本稽古と移動稽古だけを行なっていて、スパーリングのように他人と関わる対人稽古を全くしていなかった時期があるのです。

彼女の生い立ちや家庭事情を知っていた私は、頃合を見て自宅兼道場である高森道場を開設したときに、彼女達を呼び寄せ内弟子のように毎日指導することにしました。その時に課した指導内容というのはそれほど複雑でもなく、いつでも横隔膜を下げること、ストレッチ、基本稽古、移動稽古その他、補強運動のときでもつねに横隔膜を下げろの一点。丹田横隔膜意識とでもいうのでしょうか。自らの稽古でその重要性に気がついていた私はそのことを徹底的に指導しました。その指導を理解し抜群の吸収力を見せたのが石原美和子だったんです。おそらくそれ以前の基本稽古、移動稽古を何の目標も持たずに一年間続けたことの中から、基礎訓練としてヨガで言う所のマインドフルネス、集中力を高めることになっていたのでしょう。その基礎力をベースに横隔膜を下げ、さらに体幹部の内部操作をすることの中で呼吸力を力の源として技を放つことができるようになると、相手から初動が見えづらく、どの技が来るかわからない技に進化して行き、大きなロングフックでも相手を捉えKOすることができるようになったのです。

実際その当時、禅道会の女子はみな強く、瀧本美咲をはじめ沢山の強豪選手がプロの第一線で活躍していましたが、みんな一様に「石原先輩の技はまるで見えない」とスパーリング後には口を揃えて言っていました。

また、もう一つの秘密として、私達は実は対戦相手の研究を一切して来ませんでした。

対戦相手の肌感覚はその時に感じることなので映像を見ることとすらしなかったんです。「今度この相手と試合をすることになったから」と、私が石原に一言いうと「ハイ、お任せします」で試合が決まり、相手で躊躇することも全く無く、そして試合経験を積むことにより段々と技のバリエーションを増やして行き自分の型を作っていった。それがなぜ強さの秘密だったかということは、後述していきますが、不敗の最強神話を石原美和子が作っていった秘密だったのです。

総合格闘技の世界の中で空手団体というのは当時私たちだけだったので、どの試合に出場してもアウエイ。その状況の中で力を発揮するというのはかなり精神力がいることなのですが、彼女はどこにいっても動じなく力を出せる人でした。

稽古の相手は前述した身長150センチの軽量級の金子だったのですが、彼女は重量級なので、試合の相手は170センチ以上、それでも彼女の間合い感は崩れることもなく、リーチ差を物ともせず、ほとんどワンパンチ、多くてもスリーパンチでKOするのが普通でした。これは本当に目には見えない力（呼吸力）の稽古の養成によって作られたものだからです。そこが他の選手にはなかなか身につかない、それはなぜかと考えた時に、一つの理由として、彼女は格闘技で勝ち名声を得たいという意識、欲がほとんどなかった。自分が禅道会に所属しているから禅道会を背負って、という意識は高かったけれども、勝って有名な選手になろうという意識はとても弱く、自分自身の内面を強くしようという意識が強かった。それが格闘技界の中では一風変わった考え方でもあったので、更にアウェイという状況を生んだのかもしれませんが……。

その不敗の女王、石原美和子の最後の試合が、なんと！　KO負けなんです。

彼女のライバルでエリン・トーヒルという選手がいて、一度、過去に接戦で判定負けしてしまいました。エリン・トーヒルは当時、世界最強の呼び声が高い選手だったのですが、現在のように相手をこかして上になることが試合で有利になるルールでしたら石原の勝ちだったかも知れないほどの接戦でした。

そのライバル、エリン・トーヒルが石原美和子の最後の相手だったのです。そこで今度こそは勝ってやろう、私は欲の無かった石原に世界最強の称号を与えてやりたい、この試合だけはエリン・トーヒルの弱点をついてやろうと、私自身が対人稽古で胸を貸し、相手を分析して戦略を立て、勝ちパターンを反復して、試合に臨んだのですが、その結果がKO負けでした。彼女のたった一つしかない欠点、身長が低いというところをつかれ首相撲から膝蹴りというパターンにはまってしまったのです。

もちろん競技ですから戦略を練って成果をあげている選手も沢山いるとは思いますが、それは、私の指

〝世界最強〟と言われていた、エリン・トーヒルと（2002年、初めて戦い判定負けを喫した「SMACK GIRL」のリングにて）

導スタイル及び、禅道会の理念ではなかったんです。

現在に集中する稽古を積み、未来を予測せず今に集中する。試合の勝ち負けに拘らず、武道家としてそこから何かを学びとり人格向上を目指すというのが禅道会本来の姿、我々の目的だったのにもかかわらず、勝ちにこだわってしまった。私の指導者としての煩悩にも気づかされた瞬間でした。

後になって考えれば、過去や未来に囚われず今に集中する、ヨガのマインドフルネスに通ずるスタイルだったのが、こうなればこうする的な思考方法を学ばせてしまった結果、彼女の力を封印する形になってしまったのです。

私も彼女もこの敗戦で多くのことを学びました。

そして10年経った今、辻先生と出会いクンダリーニヨガの呼吸法を学んだとき、我が意に確信をさらに得ることができました。

読者のみなさまに置かれましては、ここからその学んだことを一つずつ解説して行き、何かの参考にしていただければ、幸いと思います。

2　勝ち続けられる人とそうでない人の違い

私の長い指導経験の中で、試合でいつも力を出せる人というのは、考えない人、感じる人、結果から入る人なんです。例えば「今度の試合○○君出る?」と聞き「出ます!!」と即決してすぐに答える人は意外と力を発揮します。出るということを前提論に〝出る〟、〝出る〟にはどうしたらいいんだろう?と結果から物を考えていくタイプの人です。逆に結果を出せない人というのは熟慮してから答える人。「すみませんちょっと考えさせてもらえますか?」といい、そこまでの過程を予測していく。2+2=4、4+4=8、と考え試合にでるまでには10になるかな?10にならなくても8に近いコンディションになるかな?と考えるタイプの人なんです。

一般的にはスキルアップの考え方は後者に近いものなのかもしれませんが、2+2=4、しかし4という答えを出すには3.9+0.1でもある、2.1+1.9でもある、4を実現するにはいくつもの方法があります、掛算を使ってもよいでしょう。しかし2+2=4と考えてしまうと方法は一つしかない、もし2+2=3.9と計算間違いをして、4にならなかったらどうしよう?というように未来を予測して物を考える人は不安に苛まれてしまうんです。この思考法の違いが大雑把にいうと試合で力を発揮できる人、力を出せない人と二つに分けて行くのだと思います。面白いことに結果から入る思考法の人は、たいして頭の良くない人、いわゆる学力の低い人でも力を発揮するんですね。

石原は、対戦相手が誰であれ、オファーには〝即断〟でリングに昇っていた。

逆に頭が良いのにああでもないこうでもないと考えて力を発揮できない人は意外と多い。もちろん利口で即決力があるのが一番なんですけど、勝てない人は理詰めでこうなっていくだろうと、未来を予測しようとする人なんですね。結果を出す人は、結論を決めてそこからどういう方法があるんだろうと考える。実は有名な物理学者はこういう思考法をしていると思います。

ところが現代教育はそういう思考法ではないと思います。

1＋1＝2、2＋2＝4、こういう思考法は、ある程度はバランスよく必要ではありますが、おそらく人間の脳の構造上、未来が不安になる思考回路を作っているんだと思います。後述しますが、予期不安というものは脳の中枢神経を通じて筋肉を強張らせてパフォーマンスを落としてしまうんです。前述した石原美和子や私は典型的にこういう思考法をしない人でした。それを変えさせてしまったことが敗因の一つになってしまった、というのは先に書いたとおりです。

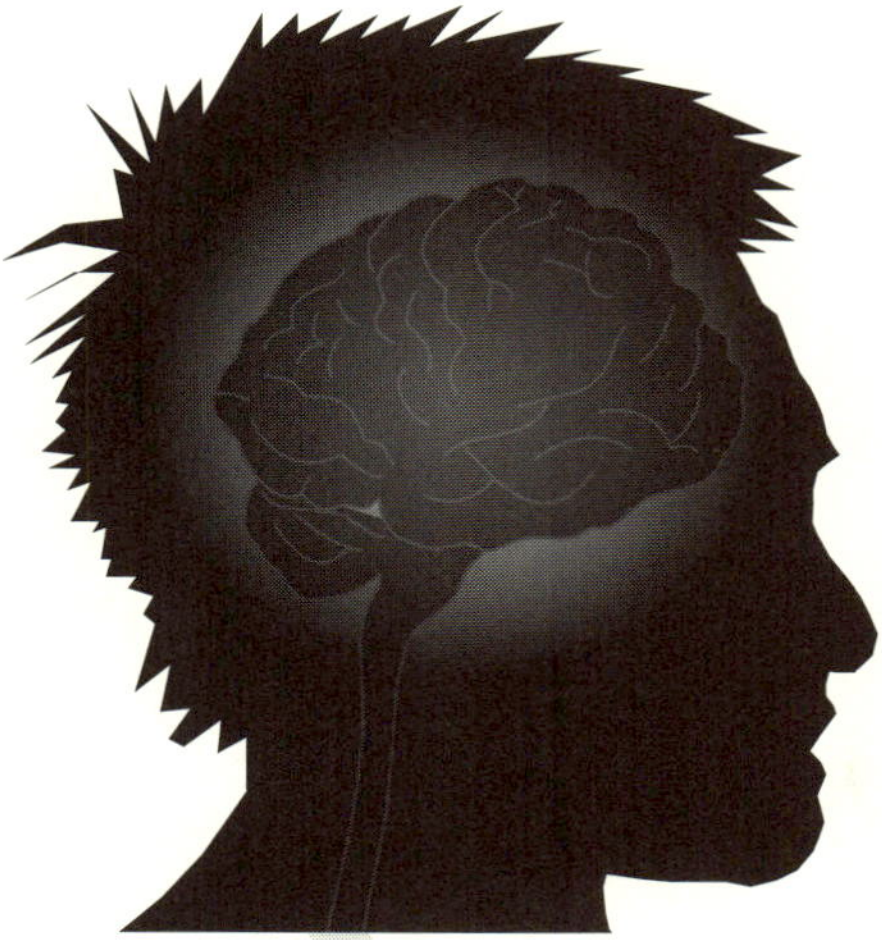

少し主題からは離れますが、私の主宰する禅道会は、長野県飯田市という田舎町に本部があります。私が現代的教育的な思考法だったら、ここを本部に選び武道教育の拠点にする事は無理と考えて、活動しなかったかもしれません。

やる！できる！と決めてから、考え始めたので少しは名前の知れた団体になれたのだと思います。

3　本当の強さは目に見えないところに宿る

それでは、その人の明暗を分けてしまう思考法の違い、感性の違いはどこから来るのでしょう？

脳科学的には人間の脳はだいたい3歳までに80パーセント完成されてしまうと言われています。

人生の中で、自分では、ほぼ覚えていないこの時期、自動学習するのが最初に呼吸。そしてその人固有の心の骨格となる感じ方、考え方、動作、仕草、癖なども脳が自動学習して身につけます。勿論、遺伝的な要因もあるのでしょうけども……。

三つ子の魂百までも、と言われるのも大脳の発達の原則に則していますし、膨大な潜在意識が存在するという、心理学の考え方もこの点からも良く解ると思います。

人間の赤ちゃんは、母親の子宮から出てすぐ、〝おぎゃー〟と泣き、呼吸を最初に学習します。大脳の発達の過程の中で、生まれて最初に学習するのが呼吸だという事を考えれば、最初に身につく癖も、呼吸に癖がつく事が至極自然だと私は考えています。

人間の脳には短期記憶の海馬体というものがあり、その後、前頭葉の長期記憶に移し変えられる。乳児期、幼児期は言語の学習が充分ではないので、思考の方法というより行動が先にインプットされます。その行動の原点が呼吸なんです。なにかその子に危機があった時に呼吸に癖がつき、未来を恐れる原点的なパターンがそこに生まれ、外部からの危機を感じさせる情報で、その癖が繰り返される事になり、呼吸の癖が強化される事になります。

その呼吸の癖が後々自律神経に影響を与えたり、その人の感性や思考の方法や、心の問題に影響を与えるということが十分に考えられます。

そのため、私の主宰する禅道会では、姿勢を入り口に呼吸に付いた癖の是正がまず持って何よりも必要と考えています。

まさに本当の強さは目に見えないところにあるんです。だからこそ武道では呼吸を大事にするんですね。

呼吸には大雑把に分けると2種類あります。胸式呼吸と腹式呼吸。肺は原則的に広げると外の気圧と肺の中の気圧が変わり、中の気圧が低くなるので、高い所から低い所に空気が流れ込む。その、肺を広げる

方法が横隔膜を下げる丹田式呼吸、腹式呼吸と西洋式の深呼吸のように胸を張るという胸式呼吸に分かれます。

どちらが効率の良い呼吸かというと、当然横隔膜を下げる腹式呼吸で、それによって脳内の伝達物質の数も大きく変わると言われています。この脳内の伝達物質というものは、感性や思考法にも大きな影響を与えてきます。

実は私の禅道会では、私が学園長を務める自立支援施設〝ディヤーナ国際学園〟という名前の学校も営んでいます。世間一般的に言われる〝社会不適応〟の生徒を学園寮に寄宿させ、指導しているのですが、試合ではなかなか力が発揮できない選手や、学園の生徒達の指導をしながら彼らの日常の呼吸の仕方を見ていると、この呼吸というものに大きな癖がついている人がとても多い。このことは試合だけではなく、人生のいろいろな場面、生活面でのトラブルも引き起こしていると考えられます。

よく、この人とは息が合わない、仕事の呼吸が合わない、などという言葉もこのようなことから生まれてくると思います。

もちろん、その手のトラブルにいろいろな理由づけや意味づけはしていきますが、例えば脳の自動学習の原点で、ある人が、嫌な事があると呼吸が止まるという習慣性を持っているとしましょう。この人は、呼吸が止まる度に、それが上司に叱られている時だとしますと、もともとその癖は幼年期の危機的な状況の時に身についたものなので、呼吸がそのような状態になると過去の嫌な事のイメージが無自覚にその人の表情に表れ、その表情を見た上司の怒りをますますかったり、また、いじめの原因にもなったりして対人関係のトラブルの元になったりするんです。

呼吸法が自然で、状況によって変化に富んでいる人は、自分の心のコントロールも容易にでき、対人関係のトラブルも少なく、コミュニケーション能力にも長けています。

また、このような呼吸の人は試合などでも、持っている能力を全開にできやすいということなんです。これは全てに通ずるものだと思います。この自然な本来の呼吸の安定、精神の安定というものを作るのに丹田という観念ができたのでしょう。またその起源はヨガに帰因しているのだと思います。

しかし本格的なヨガの修行法はかなり複雑で技術を要すると思います。これをシンプルに誰もが簡単に習得できるようにしたものが、臍下丹田を中心に呼吸法に集約した〝禅〟というものになったのではないかと思います。

元々ヨガ行者だったお釈迦様は、苦行は一種の欲であり、未来を求めていて現在の集中ではない。と考えたのだと思います。そのような発想を経て、臍下丹田を中心とした呼吸法、これを達磨大師が中国の少林寺に持ち込み〝中国禅〟となり仏教の伝来とともに日本に伝わってきた。そして元々の日本人の生活風土や文化と混ざり合いながら、臍下丹田を意識し横隔膜を下げる腹式呼吸の重要性というものが、日本人

の文化のなかで脈々と受け継がれていった。さらにこれが、書を書く、絵を書く、お茶を飲む、花を生けるといったような文化と融合し合い、道文化を作り出し、様式美として美しく、機能性を持つこれが原点となり、より精密なものを作る体感覚の文化や、武道の技や、その他の文化にも多大な影響を及ぼしたのだと思います。

同じく仏教普及の際に、山賊から身を守るため仏僧たちが身につけていたインド武術が中国各地の武術と合わさり、少林寺で整理されたものが中国武術。これが唐の文化とともに琉球王国に持ち込まれ〝唐手〟となり、本土に伝わった時に前述した〝禅〟の思想、道の文化と合わさったことにより生まれた〝空手道〟……そのことを考えると、ここから時を経て私どもの〝空手道禅道会〟という空手の流派が生まれてきたことに、何か不思議な縁を感じずにはいられません。

4　臍下丹田の重要性

さて武道において臍下丹田の重要性ということはいかな

るものなのでしょう？　伝統的なヨガや真言密教の修行法の中に集中法というものがあります。阿字観に代表されるように〝阿〟という文字を目の前に置き、その一点を意識して瞑想をする。このことにより自動思考から生まれる煩悩を放っておくことを鍛錬します。最近よく言われるマインドフルネスの定義ですね。このような鍛錬を続けることで、外部の情報に左右されず自らを内観、集中できるようになります。

臍下丹田と腹式呼吸だけに集中するのがいわゆる〝座禅〟です。これに対して武道では基本稽古や移動稽古、型稽古に代表されるように同じ動作を繰り返す中で臍下丹田と腹式呼吸に集中する動く禅。それにより、座っているときだけではなく、試合をしている最中でもいわゆるゾーン状態という集中した精神状態を作りやすくなり、また深い腹式呼吸により脳内のセロトニンが増え安定した精神状態になることは、現在の脳科学であきらかになっています。さらに横隔膜という呼吸に使う筋肉を鍛錬することにより、体幹部や全身の抗重力筋が発達していき、姿勢が崩れづらくなる。また前述した脳内のセロトニン神経が増えることでも抗重力筋が発達することもわかっています。この抗重力筋をベースに、同じく臍下丹田を中心とした二足歩行の原理を元に自然な体の使い方を身につけて発する技というのは、強力な技となります。本章冒頭の項で書いた呼吸力のある打撃、アウェイでも動じないメンタルというのはこのことを言います。

生活文化の変化により、現代のように生活ベースで臍下丹田を鍛えることが難しいこの時代では、人間は体幹部の動きや呼吸にブレが生じる事が多くなっているんですね。逆に生活ベースで丹田意識を鍛えられていたかつての日本人は、このブレが生じにくく、中心軸がしっかりしているので、末端部の手先が柔らかく器用に動く。だからこそ物を精密に作ることができたということなんです。地べたに正座をする、あぐらをかく、トイレでしゃがむ、相撲のように四股を踏む、蹲踞をする、これらは、臍下丹田の強化や

呼吸の強化が自然に行われていたんです。だから当時はあえて激しい呼吸法やボディワークで鍛えるヨガみたいなことは、あまり必要なかったと思います。このようなベースがある中で生まれてきた日本の武術、武道というものを現代人が体現をしようと思っても大きく生活様式が変わり日常では丹田というものを鍛えにくいので、丹田を作る時間を特別に作る必要があるとも言えます。

だからこそ武道の稽古やヨガの修行で臍下丹田を鍛えなければいけない。昔から肚が据わっている人が土壇場で力を発揮できる人、試合で結果を出せる人と繋がってくるわけです。

5　呼吸法で臍下丹田を強化、ヨガとの「出会い」

私は武道呼吸というものは、禅道会の稽古体系の中ですでに完成されているものだと思っています。例えば息吹という呼吸法は、十字を切り横隔膜を下げ腹圧をかけながら「ハーッハッ」一度目の呼気を長く取り、二度目で吐き切る。

禅道会では、メンタル・トレーニングとしてのヨガの方法論を一部取り入れている。

昔映画で千葉真一さんが派手な動きを交えてやっていましたが、この息吹の意味合いなどは、この情報社会や早く結果を求められる社会のなかでは因果関係がわかりづらいということもあり、なかなか伝えづらい。しかも前述したように、生活様式の違いで丹田力や呼吸力をあげるということが難しくなっています。そしてそこに伴う感受性というものはその人のセンスや感覚に頼るものなので、マニュファクチャーのように一対一、生活ベースで教えないと伝達が困難なのです。私自身、感じる人間は感じるし、感じない人間は感じないのだろうと、この事に対して半ば諦めていて指導モチベーションも下がっていました。それがたまたま、辻先生と出会い、ヨガの呼吸法、エクササイズを学んだときに、各種エクササイズの最後に行うバンダという呼吸法、これが武道呼吸や歩法、技を発する際に意識する丹田を釣り上げる身体操作法と多くの類似点を感じたんですね。

これを呼吸法の補強運動として取り入れることで、基礎体力と同じように基礎呼吸力というものを鍛えることがで

クンダリーニヨガを中心としたメンタル・トレーニングを積んでMMAの試合に臨み、勝利した藤澤優作。

落ち着いた試合運びで終始圧倒し、マウントからのパウンドでTKO勝利となった。

ヨガ・トレーニング中の藤澤（火の呼吸）

き、呼吸力の大切さ、体幹部の身体操作を浸透できると確信めいたのです。元々この辻先生との出会いというのは、『月刊秘伝』の企画で禅道会の師範代、プロ選手が被験体となりクンダリーニヨガの呼吸法、エクササイズとバイオフィードバック、ニューロフィードバックという科学的なメンタル・トレーニングを3か月実践すると、どのように脳波や自律神経が変化しパフォーマンスに影響を与えるか、という実験を行なったときからでした。今まで目に見えないものであった丹田呼吸や禅の効用が脳波のデータ、心拍数などの数値として目に見えるというのは、具体性を尊ぶ私の気質に合うもので、そこから辻先生とヨガとのおつきあいが始まりました。実際にそのときに実験をした藤澤優作という選手は3か月後、ディファ有明のリングで見事なTKO勝利、異様なまでに落ち着き払った試合ぶりは実験の成果と周りを驚かせました。

私自身も普段の稽古にクンダリーニヨガの技法である火の呼吸と数種類のエクササイズを組み込みました。数ヶ月もたたないうちに、臍下丹田から繋がる体幹部と四肢との一体感の強化を感じるようになり、一番の成果は体調がとても良くなったことでした。クンダリーニヨガの鍛錬法としての素晴らしさを実感するとともにあらためて武道の技術の根幹は基礎呼吸法にありということを確かめられたんです。

6　一人稽古だけでも対人稽古だけでも強くなれない

では呼吸を中心とする文化の影響を受ける武道というのは、動禅的な一人稽古だけで強くなれるのでしょうか？　禅道会の稽古体系では、一人でもできる稽古の時間が長いんです。全体の稽古時間の中でも半分から三分の二を占めていたりします。

ストレッチ、基本稽古、移動稽古を行ないそこからミット打ちや組手と対人稽古に移る。これは禅の影響を受けている日本武道の一方の特徴でもあり、相撲みたいな組合い中心の武道でも、レスリングなどと違い、四股、摺り足、てっぽう、などの1人でもできる稽古が主でその後に、ぶつかり稽古や申し合い、というといわゆるスパーリングのような稽古をします。

対人稽古の時間は意外と短い。これは、ヨガ、禅、などの文化の影響を受けて、武道を動く禅として捉えていた日本の文化だからこそなのだと思います。しかし一人稽古だけで強くなるのかといえばそれは無理な話で、武道の動きに沿った動作と呼吸法を合わせて稽古したものを、今度は対人稽古という人との関わりの中で表現できるかどうか？　これは社会、日常の人間関係と置き換えてもいいです。他人は自分を

映す鏡なので関係性が必要になってくるんです。それがないと、身体を忘れ観念だけが暴走し、反社会的な人間になる可能性や、精神的な健康を崩し妄想の世界に埋没する恐れさえあります。身体があるという大前提が、それらの危険性を回避させ技術を向上させるには必要不可欠であるということになるのです。

人は一人では強くなることはできない、一人では精神性に気付くことはできない、人生の苦楽は全て学習である……それを自らに持ち込んで自分にフィードバックしなければなりません。もちろん一人稽古が核なんです。何もかもが自分から始まっていますから、それに〝関わる〟という枝葉をつけてということがどうしても必要になる。そもそもメンタルを強くしたいというのは〝関わり〟があるから。何かと関わるというのが大前提ということを考えてみれば、一人稽古だけでは強くなれない、ということは自明の理だと言えます。武道における組手、試合というのは心理学でいうところの認知行動療法…だんだん外部刺激の強度を上げていく、人間関係で言えば関わりの強度を上げていくということなんです。しかし現代人というのは、生活文化の変化により、人と関わるのがだんだん下手になってしまっている。真剣に関わるスキルを失いつつある。

ディヤーナ国際学園を通して、私たちのように社会から問題児と言われる人間と関わっている仕事をしていると、人と真剣に関わらざるを得ません。真剣に人に関わるスキルを失いつつある現代人だからこそ、真剣に人と関わる疑似体験として、軽いスパーリングから始めて徐々に強度を上げて、たまに試合に出る、というように、本気で人と関わるという練習をしないと、武道における禅や呼吸法に結果をフィードバックできないことになり、心の成長や技の上達はなかなか望めません。

別の角度で言うと、人と関わるということは、喜びであると同時に苦しみでもあります。いわゆるストレスというのは他者との関わりの中から生まれてきます。病気になれば病院でもすぐにストレスが原因と言われ、なんでもストレスのせいにされ、一般社会ではストレスというものが悪玉のように捉えられていますが、決してそんなことはありません。ストレスのない社会などあり得るでしょうか？　ストレスがなければ脳も発達しないし心も、筋肉も発達しません。ストレスは捉え方次第で悪玉になったり善玉になったりするだけなんです。ここを考えていただくと一人で自分を見つめ直すということの意味、人と関わるという意味がよく見えて来て、武道をやっている人であればその関わりにどういう意味があるのかということが理解していただけると思います。

宗教的な表現になってしまいますが、お釈迦様が布教だとかお布施だとか、社会と僧を関わらせようとした最大の理由は、山の中で一人で修行をして向上しても意味がないだろう、個人だけの解脱を求めることは、欲であるし、他者との関わりを拒否している。それでは、本来一番大切な、相互尊重や慈悲は育たないだろう、という風に考えたからだと思います。ヨガでも行者は山の中で修行をして悟りを開いたら、山を降りてきて世間と関わりなさい、教えを説き人々を救いなさい、それが修行である、という教えがあるそうです。そのことをカルマヨガというそうです。私たちが行なっている青少年育成事業なども、そういう角度からすると一種のカルマヨガなのでしょうね。

7　勝利だけを追い求める人生はむなしい。勝ち負けを超えた世界へ

それでは我々武道家が本来求めるものとは何なのでしょう?

私は本来、誰の人間性でも完成されている、と思っています。そこに相互尊重、武道で言うところの礼の精神が、存在できるのだと思っています。あらゆる存在は、存在するだけで価値を持っていると思っています。これは私の教育者としての信念でもあります。呼吸法は、成長過程の中で身につけた癖を、元の純粋な状態に戻そうとする試みにその特性があると思っています。

本来求めるものとは、いかに自分本来のメンタルを自覚するのか。色々な事柄から見え難くなってしまった自らの精神性をいかに回復していくのか、そのことを中心としていかに社会の中で人との関わりを良いものにできるのか、私は、そういう点を重要視して禅道会を設立したわけです。あらゆる存在の価値は、私にも他の人にも解らなくても存在しているのだと思っています。

子供たちの指導にあたる石原。

冒頭項に登場した無敗の女王石原美和子の最終レコードはKO負けです。そしてその後彼女は一切リングの上では戦っていません。ただし彼女の戦いの場所はディヤーナ国際学園という社会不適応児と呼ばれる生徒と関わるということに、空手で言うところの組手が変化したわけなんです。彼女は現在、ディヤーナ国際学園の副校長という立場で、社会不適応と呼ばれる子達と、毎日イキイキと格闘しております。まさにカルマヨガに取り組んでいます。現役時代73キロであった体重は、現在では大台に乗り、ますますパワーアップ!!（笑）

前述した通り格闘技の修行という山の中の世界で悟りを開き、下山し社会の中で修行するカルマヨガに取り組んでいるということなんです。この最後の試合の負けもしくは、全く育ちも感性も違う同僚との稽古の中で学んだことがなかったら、彼女は教育者として生徒から慕われ尊敬される存在になることはなかったと思います。同僚の多くは、彼女ほど変わった人はいないと口を揃えて言います。しかし、変わったのではありません。本来の純粋な自己に近づいたのだと思います。

　この最後の負けは彼女にとっても私にとってもすごく大きなもので、これがあったからこそ勝ち負けを超えた武道本来の求めるべき世界の中で今活動できているわけです。


　あらゆるものを受け入れ、尊重し、自分の価値だけで相手を判断しないことを学びました。現代のように勝ち負け、成長という価値だけで物事を判断した時に過去にとらわれ、自分を受容できず、未来に対しての不安を生むのではないでしょうか？

　マインドフルネス…現在に集中する事から生まれる幸福感はそこを超えた世界に存在します。その勝ち負けの価値を超えて、空手を学ぶ者または、ディヤーナ国際学園に来る子たちには、ぜひそういうことを学んで欲しいし、それが柔軟で集中力のあるメンタルを作っていき、その人らしい精神性の回復やその人らしい力、生き方が発揮できるのではなかろうかと思います。この本をお読み頂いている皆様には、ぜひ、呼吸文化を原点とする武道やヨガの哲学を少しでも取り入れ実践していただき、より良い豊かな人生を歩んで頂ければと、願うばかりです。

2

— 第2章 —

人はなぜ緊張してしまうのか？ ―プレッシャーと脳の科学

1　緊張はどういった場面で生じるのか？

そもそも緊張はどういった場面で生じるのでしょうか？　それは、練習と本番の違いを探っていくと理解しやすいと思います。練習と本番の大きな違いは、「結果」を求められるか否かの違いです。

当たり前といえば当たり前なのですが、「あとストライク一つで優勝だ！」、「このシュートを外せば負けが確定してしまう！」…など、それまで普通に身体が動いていたのに「結果」を意識した途端、体中に緊張が走り、思うように身体が動かなくなってしまった経験のあるアスリートの数は数え切れないと思います。このように緊張は「うまくできるかな？」などのように「結果」に意識が向かい出した場面で生じてきます。

「結果」を意識するということは、試合後という未来に意識が向かっている状態で、目の前のプレーに集中できていない状態です。そしてその未来へのイメージは過去に経験した体験記憶から生み出されます。

つまり、過去に〝ここ一番〟という重要な局面で苦い体験をしたことがあるアスリートの場合、「結果」という未来を見つめているようで、実は過去の失敗体験（トラウマ記憶）が悪い未来イメージをつくり、それが「今回もあの時と同じように失敗したらどうしよう…」というような極度の予期不安につながっているのです。つまり良い未来には良い過去が必要であり、過去のトラウマ体験がいまだ強く残っていると、〝ここ一番〟で極度の緊張に襲われることになります。

逆にいえば、生まれてから一度もＰＫ戦でシュートを外したことのないアスリートがいたとしたならば、緊張することはないでしょう。なぜなら、失敗したという記憶がなく、今回もまた入るだろうと予想する

からです。しかし、PK戦のことでいえば、今までの練習試合も含めて一度もシュートを外したことのない選手はまずいませんから、「…もしかしたら…（外してしまうかも）」という考えが頭に浮かび、メンタルが乱れ出します。PK戦のシュート率が高い選手でも程度に違いはあれど、〝ここ一番〟ではやはり緊張するものです。

それは、〝ここ一番〟では、成功イメージより失敗イメージが想起されやすいからです。その理由として、過去と同じ過ちを繰り返さないようにするためのリスク回避、防衛本能が強く働くからだと推測されています。

2　〝ここ一番〟では脳に何が起こっているのか？

それでは、〝ここ一番〟では脳の中で一体どのような現象が起こっているのでしょうか？　私たちの脳に過去の失敗体験が想起されているとき、恐怖や不安と密接な関係がある脳の「扁桃体」と呼ばれる器官が活性化しています。「扁桃体」は、脳の左右にあるわずか1・5セ

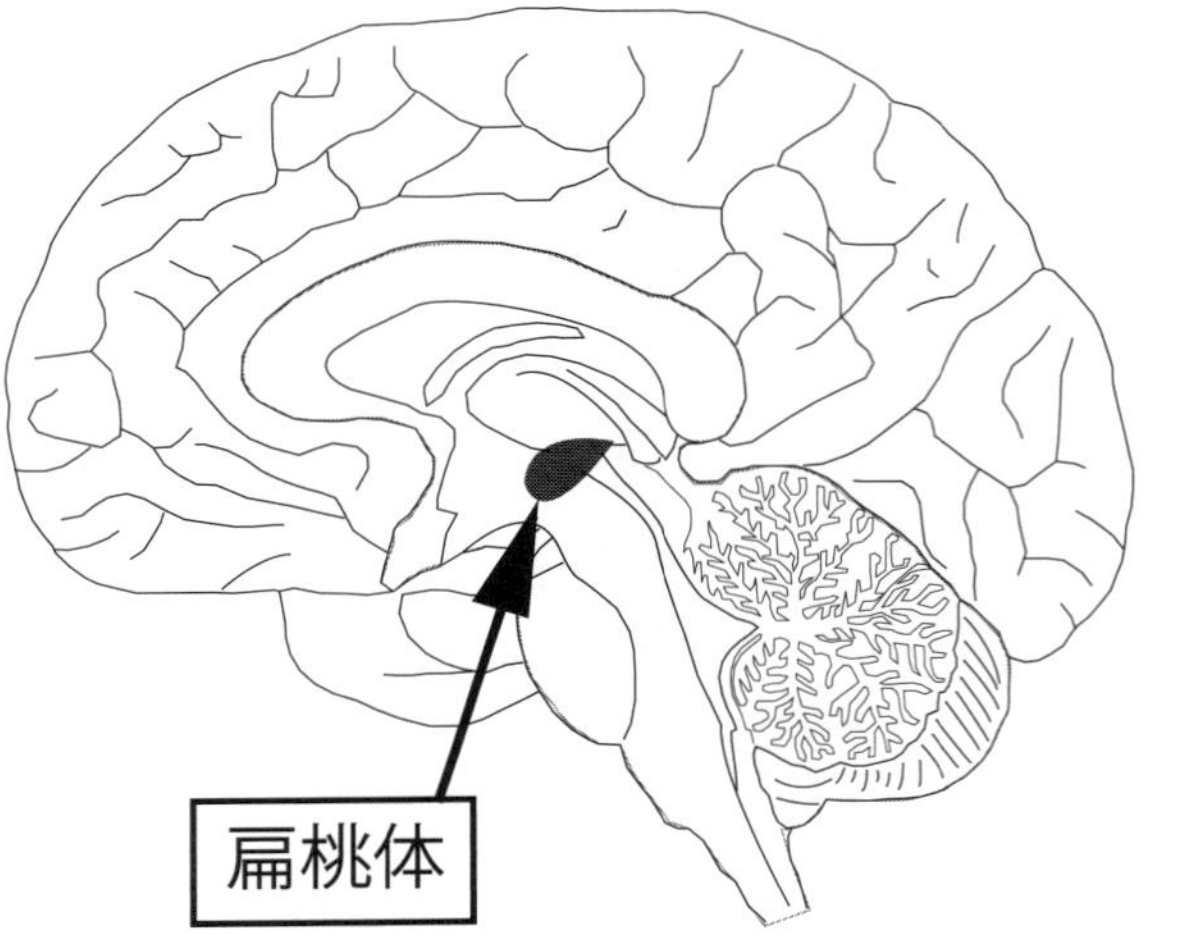

ンチほどの器官ですが、私たちの人生をコントロールしている中枢といっても過言ではないでしょう。

「扁桃体」は、トラウマ記憶と密接な関わりがあり、昔、苦い体験をした場面と似たようなシチュエーションに遭遇すると、心身を緊張モードにしてその危険を回避しようとします。危険を回避させるために「扁桃体」は、交感神経を活性化させ、瞬時に「闘うか？逃げるか？」の「闘争&逃走」モード、いわゆるストレス反応を引き起こして〝ここ一番〟に備えようとします。適度なストレス反応は、集中力を高め、パフォーマンスを高めてくれますが、過剰なストレス反応は、身体をこわばらせパフォーマンスの低下を招いてしまいます。

多くの選手を悩ませる現象である〝フリーズ〟や〝チョーク〟〝イップス〟と呼ばれる身体の硬直現象の多くは、この「扁桃体」の興奮によって引き起こされたものであると考えられています。通常、筋肉を動かす時、脳の運動野から「錐体路」と呼ばれるルートを経て筋肉に信号が送られていきます。しかし、緊急事態によ

り「扁桃体」が興奮すると、「扁桃体」からも「線条体」と呼ばれる別のルートを経て筋肉に対して異なる信号を送ろうとします。つまり筋肉にしてみれば、監督とコーチから同時に異なる指示が与えられている状態なのです。

当然、筋肉はどちらのいうことを聞けばいいのか分からずパニックになってしまいます。その結果、身体の震えや硬直が起きてしまうのです。

つまり〝ここ一番〟では、筋肉自体をただリラックスさせようとしても硬直現象はほとんど治まらず、その根本原因である「扁桃体」のコントロール、働きを抑えることが極めて重要なのです。

3　〝勝ちたい〟という執着を手放せば勝利が舞い込む

では実際にどうすれば「扁桃体」を刺激することなくプレーに集中することができるのでしょうか？

繰り返しになりますが、「扁桃体」が興奮するのは未来（予期不安）や過去（トラウマ記憶）に意識が向かった時です。つまり、今行なっている目の前のプレーだけに集中していれば理論上「扁桃体」が興奮することはありません。分かりやすい例でいいますと、朝目覚めた瞬間の状態です。朝目覚めた瞬間というのは、起きている時の中で最も「今」に集中できている状態なのです。そこから15秒、30秒も経てばいかがでしょうか？　昨日、上司に怒られたことやプレー中のミスなどが次々に思い出され、同時に今日これから大事なプレゼンや試合があることが浮かび上がり、目覚めた瞬間のニュートラルな状態から急激にメンタルへルスが悪化していくのがお分かりだと思います。

このように意識が過去や未来に向かい出すと人のメンタルは乱れ出すという性質があります。ですので、スポーツの場合、非常に逆説的ではありますが、「勝ちたい！」と結果を強く望むより、いったんその勝利への執着を捨て去り、目の前のプレーだけに集中した方が「扁桃体」が興奮せず、心身ともに最高の状態でプレーが可能なのです。

4　目の前の行動だけに没頭してパフォーマンス・アップ

以前、サッカー日本代表の本田圭佑選手がＰＫを成功した後のインタビューで「真ん中に蹴って止められたらもう仕方がないと思った」と語っていました。これはメンタル的にとても重要なことで、本人の中ではボールを蹴る瞬間「シュートを真ん中に蹴る」ということしか頭にはなく、外したらどうしよう？という様な未来への不安はないのです。これはおそらく本人は普段から自分が蹴るコースを決めたら一切

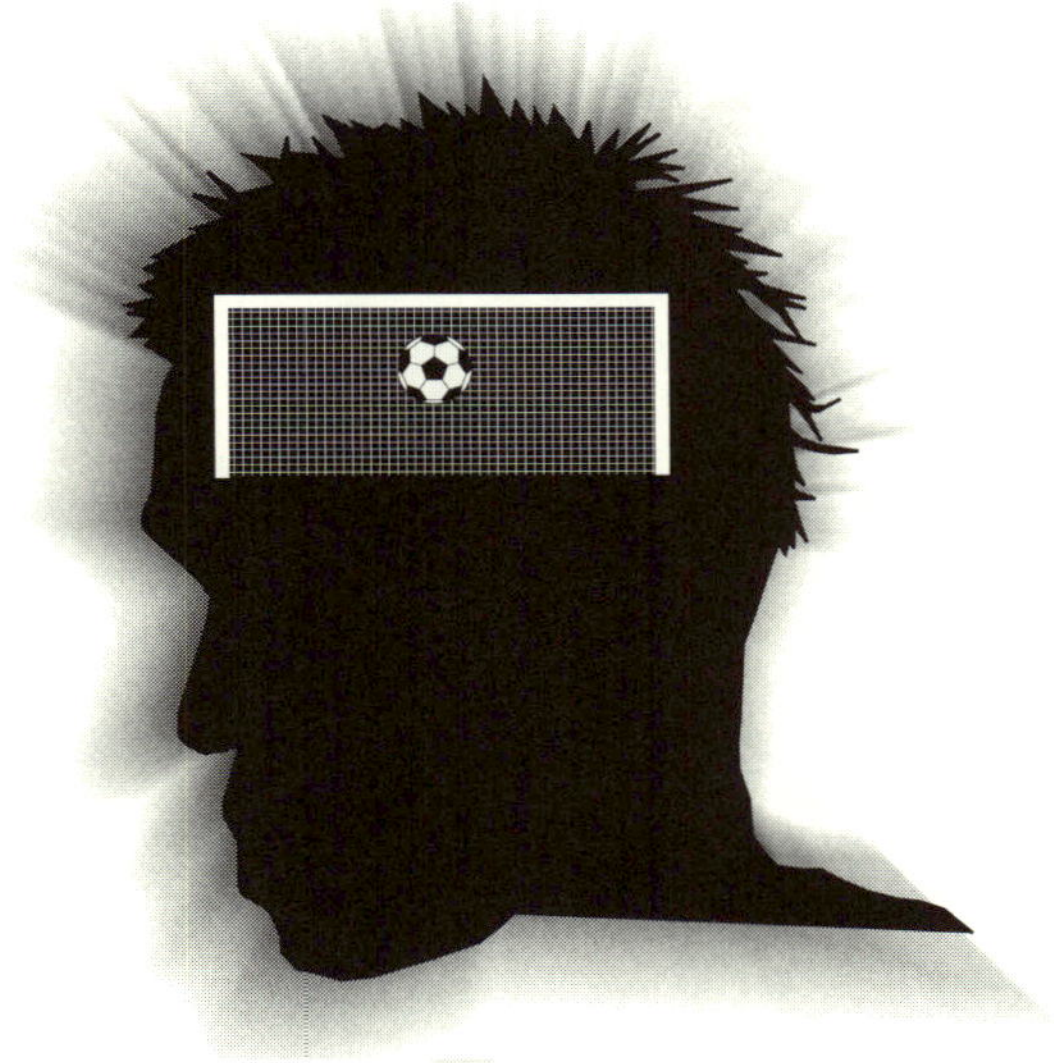

迷わずただボールを蹴るという行為、つまり「今」だけに集中することを意識しているのだと思われます。
この本田選手のようにボールを蹴るという行為だけに意識が集中できれば、脳の運動野から足の筋肉にノイズのないきれいな信号が伝わり、まっすぐボールが飛んでいくということになります。ここでもし「入れたい！」という欲求が強まれば。意識が未来に行き、「扁桃体」が興奮して、足が震え出し、結果ボールはあらぬ方角へと放たれてしまうことでしょう。

5　お釈迦様が開発したメンタル・トレーニング

科学技術が発展した現代では、「扁桃体」の興奮―沈静をｆＭＲＩやＰＥＴスキャンなどの脳画像診断で確認することが容易にできますが、今から約２５００年前に「扁桃体」の興奮を抑え、精神を安定させる方法を発見した人物がいました。その人物とは仏教を創始したお釈迦様です。お釈迦様は今から約２５００年前に自分の息が身体に入ってきたり出ていったりする呼吸だけに意識を向けていると、心が落ち着いていく現象を既に発見していました。この目の前の行動に没頭する行為、瞑想を〝ヴィッパーサナ〟と名付け今日のストレス軽減プログラムである「マインドフルネス瞑想」の原型となりました。

— 第3章 —

メンタルを強くするには？

1　達人の脳とは？

宮本武蔵やイチロー選手などいわゆる達人の脳とは一体どんな脳なのでしょうか？　いかなることにも動じず、一切雑念が湧かない脳なのでしょうか？

しかし、生理学的に考えれば、脳が活動している限り、雑念は浮かんでくるのが正常であり、心も動き回るのが本質といえます。

実際、瞑想の達人であるお釈迦様やキリストでさえ、瞑想中に様々な雑念や誘惑が湧いてきたと語っています。

つまり、どんな達人でも雑念は浮かんでくるということです。違いは、それら雑念にとらわれず、放っておける心の習慣があるということです。

例えば、イチロー選手と草野球レベルの選手を比べると分かりやすいかもしれません。それぞれ、バッターボックスに入った際、観客からヤジが飛んできたとしましょう。達人のイチロー選手にはヤジが聞こえていないのでしょうか？　もしそうだとしたら監督やコーチ、チームメイトからの指示も聞こえないことになります。当然、聴覚に問題がない限り、イチロー選手の耳にもヤジの声は届いているのです。しかし、ただ音として入ってきているイメージでしょうか、そのヤジそのものに対して良い意味とか悪い意味とかの評価付けをしていないということです。英語が分からない場合、英語でひどいことを言われてもこちらの感情が乱れることはないですよね？　それは、音としての英語は耳に入ってきていますが、意味づけができないので、こちらは無反応なのです。

一方、草野球レベルの選手の場合、ヤジに対して、悪い意味として評価付けしてしまい、感情がかき乱されてしまいます。

逆にいえば、普段の練習から、あらゆる事柄に対して良いとか悪いとかの評価付けをしない工夫をしておけば、試合中に「負けたらどうしよう？」などのネガティブな感情が湧いてきたとしても、次第にその感情を脇に置いたままプレーに集中できるようになります。

決してネガティブな感情が湧いてこないのが、メンタルの強いアスリートというわけではなく、そういった感情にとらわれず淡々とプレーできるアスリートが精神的にタフなアスリートといえます。第2章でも明記しましたように、やはり目の前のプレー、行為にいかに集中、没頭できるかが高いパフォーマンスの鍵を握っているということになります。

2 「マインドフルネス」でプレッシャーを無力化！

メンタルを強くするためには、とんでもなく強いプレッシャーを受ける訓練をして〝耐性〟を作らねばならない……のではないこと、おわかりいただけたと思います。「マインドフルネス」すなわち、よけいなネガティブ感情を引き起こしそうな情報は放っておいて、「今ここ」に集中できるようになればいいのです。それでは、実際に「マインドフルネス」のトレーニングに移っていきましょう。様々なやり方がありますが、ここではヨガによるワークをご紹介します。何に集中するか？　それは〝今、自分の身体に起こっていること〟という訳です。

①　目を閉じ、仰向けの姿勢になります。

②　息を吸いながら、右腕を天井に向かってゆっくり上げていきます。

③　その状態で自然呼吸を5回行ない、右手から右脇にかけて血流が流れてくるのを感じて「今」に集中します。6回目で息を吸ったら吐きながらゆっくり腕を下ろします。

※左腕でも同様に行います。

雑念が湧いてきてもそれらにとらわれず放っておき、手足を動かすことで生じる血流の変化、筋肉の緊張と弛緩、心拍の変化などの体内の変化に意識を向けます。もし雑念が湧いてきて意識がそっちの方に引きずられそうになれば、またすぐに体内の変化に意識を向け直してください。雑念が湧くことは自然であり、重要なのはそれに素早く気づき、元の集中状態に戻すことです。

①　目を閉じ、仰向けの姿勢になる。

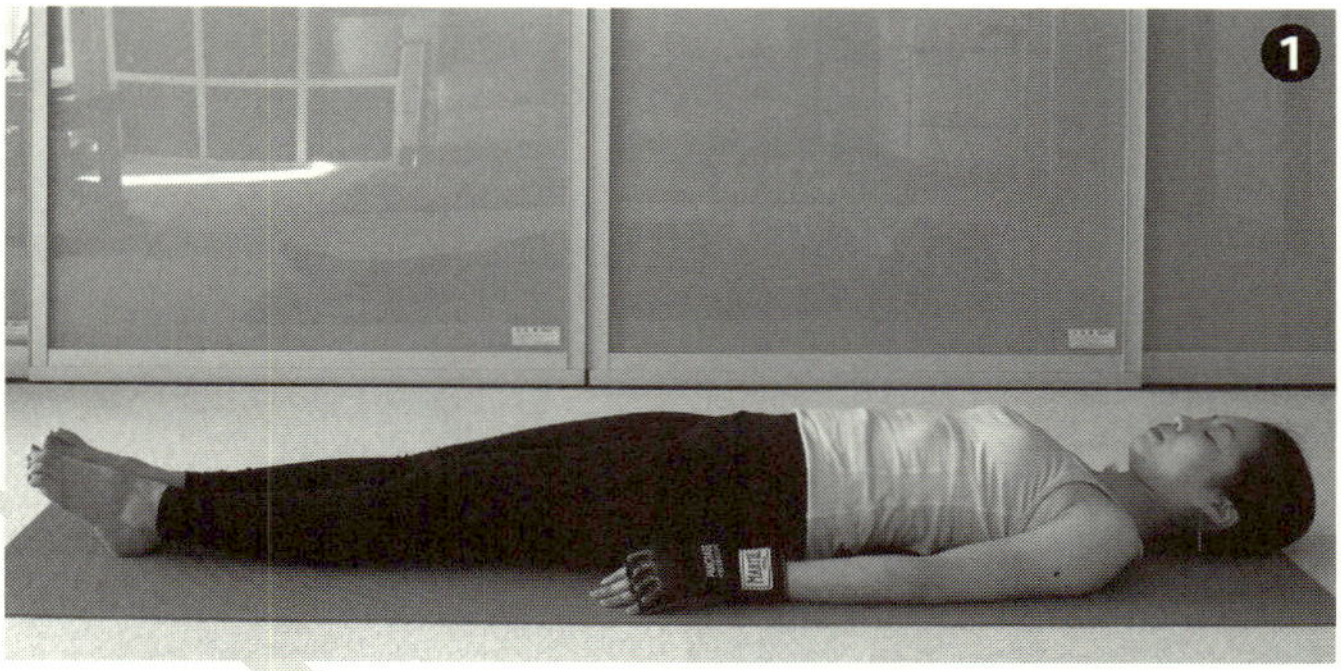

②　息を吸いながら、右腕を天井に向かってゆっくり上げていく。

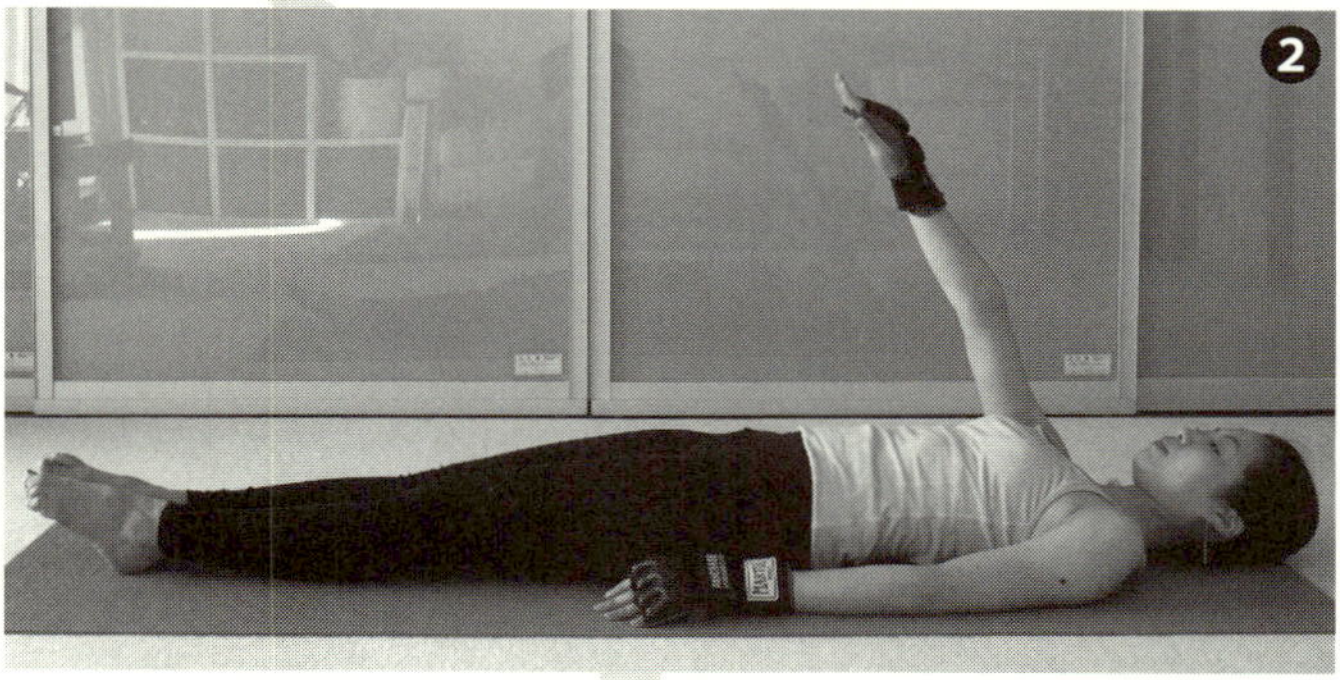

③　手が最高点に達した状態で自然呼吸を5回行ない、右腕の血流を感じ取ることに集中する。

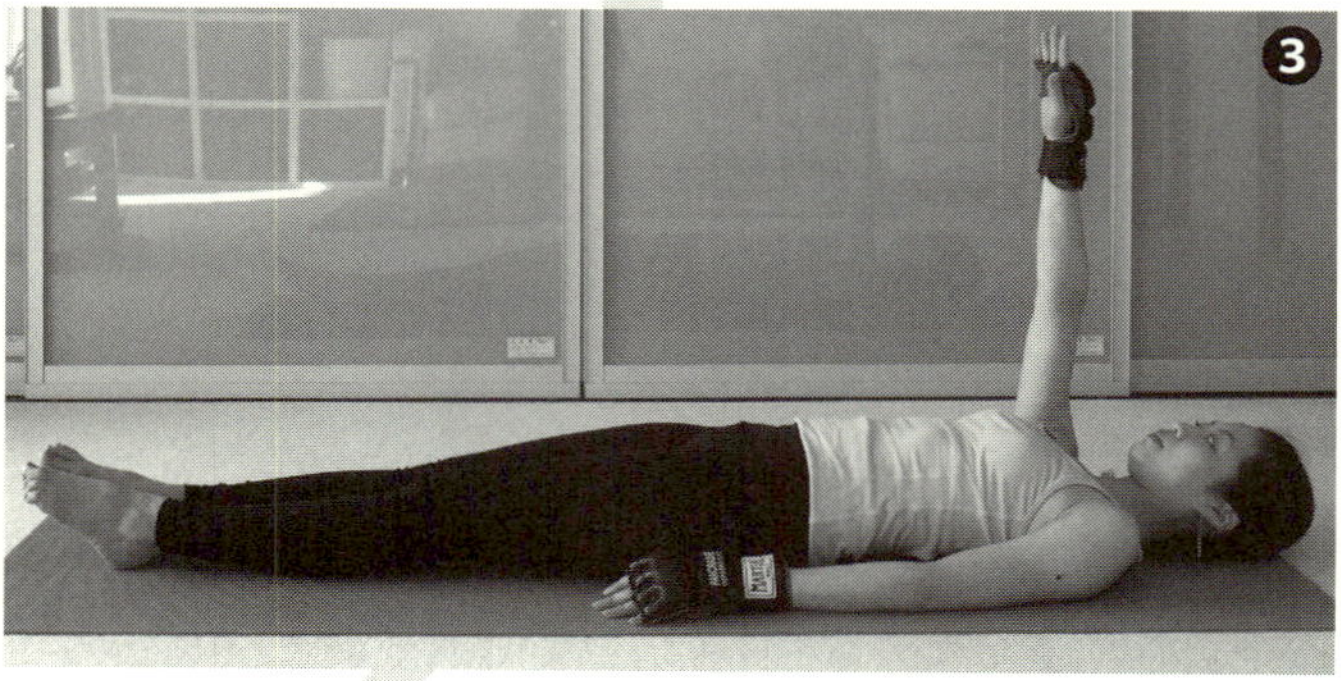

④ 息を吸いながら、右足を天井に向かってゆっくり上げていく。

⑤ 足が最高点に達した状態で、右足つま先から骨盤にかけての血流を感じ取ることに集中する。

⑥ 息を吸いながら、両腕を天井に向かってゆっくり上げていく。

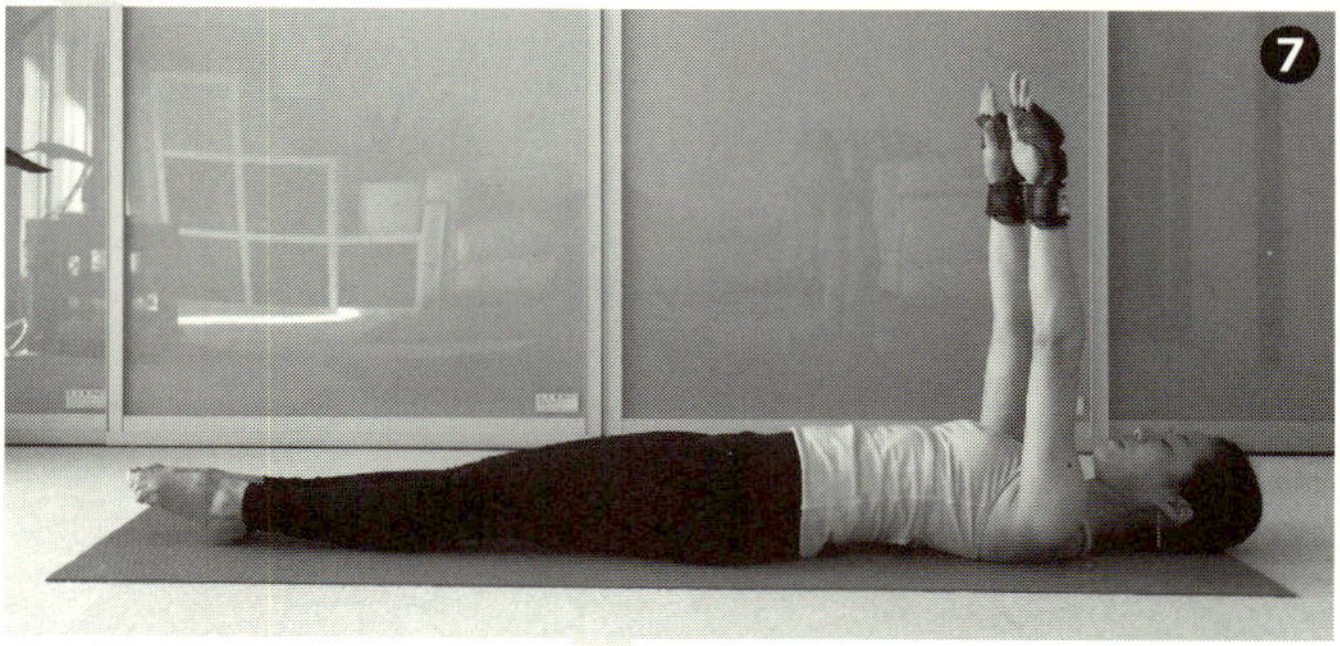

⑦ 両手が最高点に達した状態で自然呼吸を5回行ない、両腕の血流を感じ取ることに集中する。

④ 息を吸いながら、右足を天井に向かってゆっくり上げていきます。

⑤ その状態で自然呼吸を5回行い、右足つま先から骨盤にかけて血流が流れてくるのを感じて「今」に集中します。

6回目で息を吸ったら吐きながらゆっくり足を下ろします。

※左足でも同様に行います。

⑥ 息を吸いながら、両腕を天井に向かってゆっくり上げていきます。

⑦ その状態で自然呼吸を5回行い、両手（両足つま先）から両脇（骨盤）にかけて血流が流れてくるのを感じて「今」に集中します。

6回目で息を吸ったら吐きながらゆっくり両腕（両足）を下ろします。

※足でも同様に行います．

⑧ 息を吸いながら、右腕と右足を天井に向かってゆっくり上げていきます。

⑧ 息を吸いながら、右腕と右足を天井に向かって
ゆっくり上げていく。

⑨ 右手、右足が最高点に達した状態で自然呼吸を5回
行ない、右腕、右足の血流を感じ取ることに集中する。

⑨　その状態で自然呼吸を5回行い、手や足先から脇や骨盤にかけて血流が流れてくるのを感じて「今」に集中します．
6回目で息を吸ったら吐きながらゆっくり腕と足を下ろします。
※左腕と左足でも同様に行います。
⑩　息を吸いながら、右腕と左足を天井に向かってゆっくり上げていきます。
⑪　その状態で自然呼吸を5回行い、手や足先から脇や骨盤にかけて血流が流れてくるのを感じて「今」に集中します。
6回目で息を吸ったら吐きながらゆっくり腕と足を下ろします。
※左腕と右足でも同様に行います。
⑫　息を吸いながら、両腕と両足を天井に向かってゆっくり上げていきます。
⑬　その状態で自然呼吸を5回行い、手や足先から脇や骨盤にかけて血流が流れてくるのを感じて「今」に集中します。
6回目で息を吸ったら吐きながらゆっくり腕と足を下ろします。

簡単な動作の繰り返しですので、様々な雑念が生じやすいと思いますが、いかに目の前の動作に集中できるかが、本番でのメンタルの強さにつながっていきます。試合中は、どうしても勝敗の行方に意識が向かいがちですが、勝敗を懸念し出すと脳の扁桃体が興奮し、脳から筋肉への信号を邪魔してしまい、パフォーマンスの低下を招いてしまいます。普段から「今」に集中することで、脳から筋肉への出力がきれいに出

⑩ 息を吸いながら右腕と左足を天井に向かってゆっくり上げていく。

⑪ 右手と左足が最高点に達した状態で自然呼吸を5回行ない、腕と足の血流を感じ取ることに集中する。

⑫ 息を吸いながら両腕と両足を天井に向かって
ゆっくり上げていく。

⑬ 両手と両足が最高点に達した状態で自然呼吸を5回
行ない、腕と足の血流を感じ取ることに集中する。

せるようにトレーニングしておきましょう。

近年、こうしたマインドフルネス・トレーニングは、グーグルやインテル、ツイッター、ナイキなどの名だたる企業が自社のストレス低減プログラムとして採用し、従業員のパフォーマンス向上に効果を上げています。

科学技術が発達した現代においても、お釈迦様が開発したマインドフルネスが、世界をリードする大企業に取り入れられているのも非常に興味深い話ですね。

3　ストレスが人を強くする！

ビジネスマンが働く職場や、アスリートの競技現場は、当然、ヨガスタジオや禅寺のようなリラクセーション空間ではありません。それは過酷なストレス環境です。

つまり、リラクセーション空間で「今」に集中できるようになっても、緊張感あふれるストレス現場では、ストレスに振り回され、なかなか思うようにいきません。

そこで必要になってくるのが、ストレス環境下でも「今」に集中できる能力です。それには、普段からストレスがかかっている状況でのマインドフルネス・トレーニングが必要になってきます。


〈どのようなストレスをかければ良いのか？〉

① 肉体へのストレス

我慢系ストレス

肉体的苦痛に耐えながらも
「今」に集中できるか？

頑張る系ストレス

時間に追い立てられるなど
の精神的な圧迫を受けなが
らも「今」に集中できるか？

② 精神へのストレス

この2つのタイプのストレス負荷をかけたトレーニングが必要になります。

具体的には、

①は肉体的苦痛に耐えながらも「今」に集中する「我慢系ストレス」といわれるもの。「きつい、つらい」という雑念を放っておいて「今」に集中することが求められます。

これは、回避できない困難な状況に耐えることで、落ち込みや不安といった「心理的ストレス」に強くなります。

※実際のトレーニングに関しては、第5章のクンダリーニヨガの項目をご参照下さい。

②は制限時間内に課題クリアを目指しつつ「今」に集中する「頑張る系ストレス」といわれるもの。制限時間という未来に意識が向かいがちな状況において「今」に集中することが求められます。

これは交感神経が活性化した状態で課題遂行するこ

とで、「身体的（交感神経系）ストレス」に強くなります。
※実際のトレーニングに関しては、第8章のサイバーヨガの項目をご参照下さい。
ヨガ行者がヒマラヤ山中における飢えや渇き、寒暖差などの悪環境においても心身がいたって健康的なのは、そういったストレス環境によって抵抗力が強まっているからなのです。もし無菌状態のような中で暮らしていけば、たちまち抵抗力は弱まり、様々な病気を患うリスクが増えることが予想されます。リラクセーションは必要ですが、それはストレスが溜まっては減らすという一種の水際作戦であり、現代のストレス社会においては十分とはいえません。ストレスにはストレス！　毒をもって毒を制すトレーニングが必要なのです。ストレスに対する抵抗力を高めつつ、リラクセーションも適度に取り入れていく、このバランスが大事なのですね。

4　「マインドフルネス」で脳がパンプアップ！

近年の脳スキャン技術により、マンドフルネスを行うと不安に関わる脳の扁桃体の活動が抑えられることがいくつもの研究で明らかになっています。

それだけでなく、マインドフルネス熟練者は、非熟練者に比べ、自分の心身の状態を客観視する「自己モニタリング」機能と関連する脳部位の体積の厚みが増していることが明らかになりました。

これが、マインドフルネスは「心の腕立て伏せ」と呼ばれている所以であり、不安を感じる時に活性化する扁桃体の抑制につながっていると考えられています。

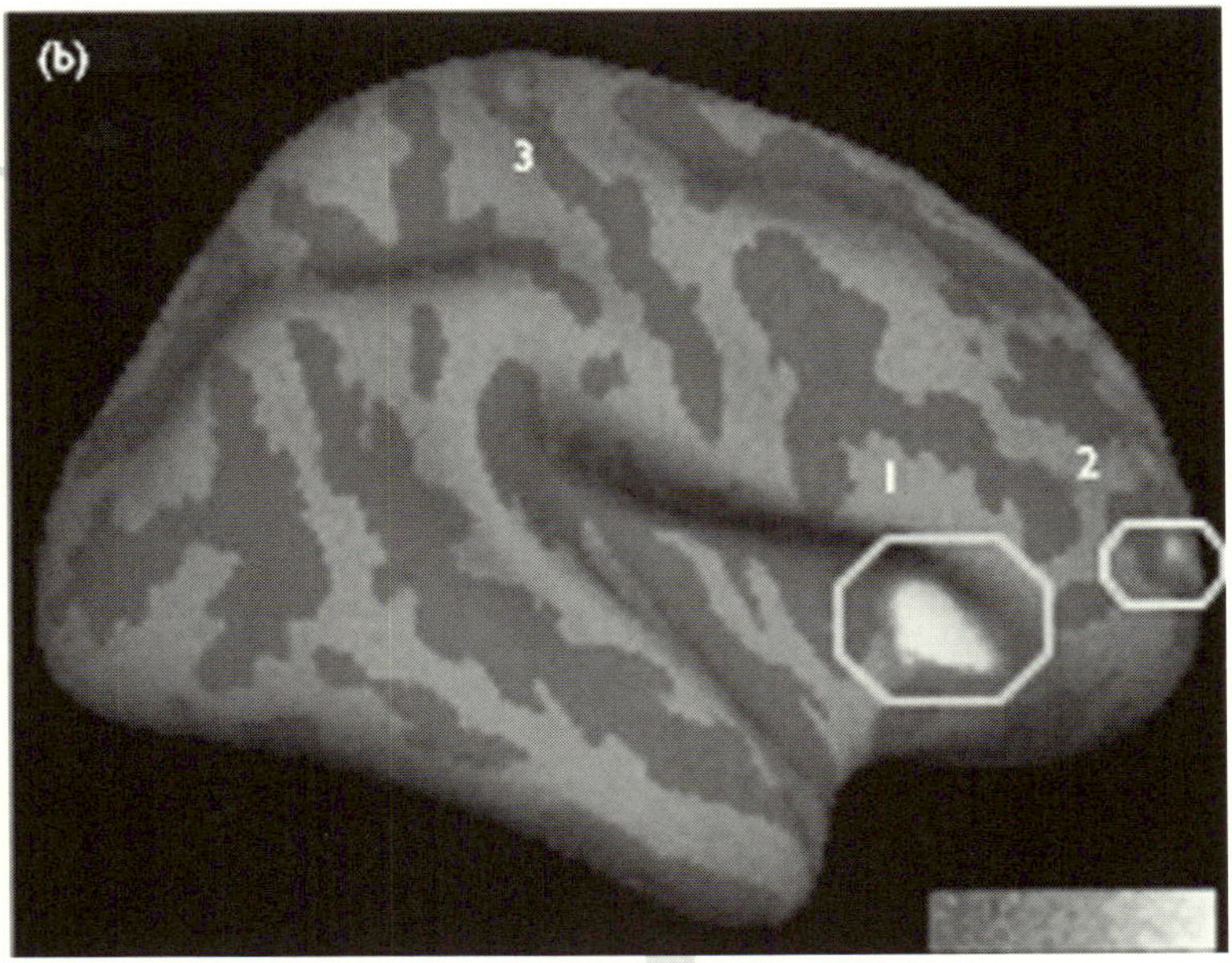

マインドフルネス熟練者は、自己モニタリング機能と関連する(1)前頭極〜前頭前野背外側部（1）、右・島皮質（2）、体性感覚野（3）が分厚く発達していることがわかった。あたかも筋トレのように、脳も鍛えれば発達する部位なのだ。（Lazar et al., 2005）

マインドフルネスが世界的な大企業のストレス低減プログラムとして取り入れられているのは、特別な道具や場所を必要とせず、身一つで行なえるという低コストなところも一因ですが、それだけでなく、こうした大学機関や研究機関による科学的根拠の解明も後押しとなっているのです。

4

第4章

ヨガとは何か？

――フィットネス？　ストレッチ？　宗教？

1　ヨガとは何か？　―なぜ人はヨガをするのか？

一般的にヨガというと、若い女性たちがヨガスタジオで汗を流しているイメージでしょうか？　あるいはインドでヨガ修行に明け暮れている修行者をイメージするでしょうか？　ある人はダイエット目的で、ある人は心を落ち着かせるのが目的、またある人は健康増進のためにヨガを行なっているなど目的も様々です。今、世界中でヨガがブームで、国連が２０１５年から6月21日を「国際ヨガの日」に制定するなど、その勢いは留まることを知りません。世界中の人々が様々な目的でヨガをライフスタイルに取り入れています。それほど、ヨガはたくさんの人たちを魅了し、満足させられる可能性を秘めていることを物語っています。もしヨガが単なるフィットネスならば、これだけのブームに至らなかったでしょう。もちろんヨガのアーサナ（ポーズ）は、元々、ヨガ行者が何日間も飲まず食わずで瞑想を続けられるように強靭な肉体獲得のために行なわれていたものですから、肉体改造にも大きく貢献してくれるものです。しかし、ヨガにはそうした肉体面だけでなく、精神面への効果が非常に高いことが近年のストレス社会とマッチし、ブームにつながっていったことが考えられます。つまりヨガは、肉体を鍛えながら精神が鍛えられ、精神を鍛えながら肉体が鍛えられるという非常に優れた心身鍛練法なのです。

それでは、どうしてヨガで精神が鍛えられるのでしょうか？　その答えを探るためにヨガが誕生した経緯、歴史を紐解いていきましょう。

2　ヨガの歴史　―ストレス環境がヨガを生んだ

ヨガ行者が彫られた4500年前の印章（レプリカ。現物はパキスタン国立博物館所蔵）

ヨガは今から約4500年前にインドで誕生したと考えられています。その根拠として、インダス川流域に形成された都市である「モヘンジョダロ」から瞑想をしている人の絵が彫られた当時の印章（封《ふう》蠟《ろう》）が出土されたことから、その頃から既に瞑想的なものが行なわれていたと推測されているためです。

それでは、どうしてそのような大昔に瞑想している人が描かれた印章が出て来たのでしょうか？

4500年前のインドといえば、インダス文明の時代です。その当時、人々は水を求めてインダス川流域に集まってきました。当然、水辺の近くの土地を持てた者と、持てなかった者に分かれていきました。そして、水辺の土地を持てた者は地主となり、持てなかった者は労働者となり、今でいう二極化、つまり現代同様の〝格差社会〟が生まれたと考えられています。そういった背景から心が病んでいく人々が増え、そのストレスを何とか解消したいと山にこもりだしたのがヨガのルーツと考えられています。

その後、ヨガは何千年という歳月をかけアップデートを繰り返し、とうとうストレス解消法から解脱に至るための修行法にまで昇華していきました。伝統的なヨガの世界観では、人にはそれぞれ魂の目的があり、その目的達成のために煩悩に振り回されない心が必要とされ、その過程において呼吸法や瞑想法など数多くの心身コントロール法が誕生したと考えられています。

また当時は、ヨガスタジオや道場などは当然なく、ヨガは外で行なうのが普通でした。特にヨガ行者が修行していた場所はヒマラヤ山中です。ヒマラヤは、飢えや渇き、寒暖差など衣食住の観点でいえば、非常にストレスフルな環境です。そうした厳しい環境から代々ヨガ行者の身を守り、育まれてきたのがヨガなのです。そして時を超え、現在のストレス社会においてもその有効性は遺憾なく発揮されているというわけなのです。

3　ヨガの流派　―伝統的ヨガとモダンヨガ

現在、ヨガには無数の数の流派が存在しますが、大きくは「伝統的ヨガ」と「モダンヨガ」に分けられます。

伝統的ヨガとはいわゆるヨガ行者が解脱を目指して行じていたヨガのことで、①ラージャヨガ、②ギャーナ（ジュニャーナ）ヨガ、③バクティヨガ、④カルマヨガの４つに大別されます。私たちがイメージする身体を捻ったり、呼吸法をしたり、瞑想をしたりするというヨガはラージャヨガの流れを汲むものを指し

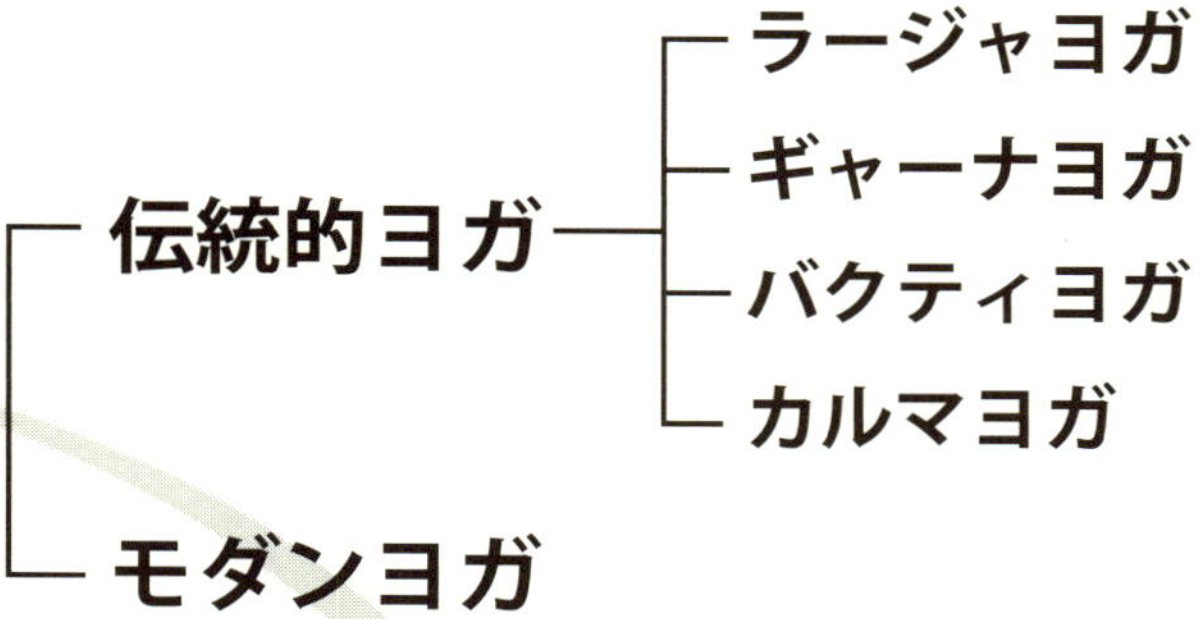

現在、健康や美容目的で普及しているモダンヨガと伝統的ヨガとは違う流れにある。

ます。

ラージャヨガのラージャとは〝王〟という意味で、ヨガの技法を通じて自分自身（魂）を高めるヨガのことです。ギャーナヨガは、〝哲学のヨガ〟と呼ばれ、ヨガの聖典や聖者の言葉に耳を傾け、自分自身を律することで自分自身を高めていくヨガのことです。バクティヨガは、神様への献身的な祈りを通じて自分自身を高めていくヨガのことです。カルマヨガは、〝行為のヨガ〟と呼ばれ、私利私欲を捨て、他人への奉仕活動を通じて自分自身を高めていくヨガのことです。

いずれのヨガもアプローチの方法は違えど、自分自身を高め、魂を向上させるためのヨガなのです。例えるなら、ラージャヨガはお釈迦様、ギャーナヨガはラマナ・マハルシ、バクティヨガはダライ・ラマ、カルマヨガはマザー・テレサということになります。

仏教やキリスト教などあらゆる宗教には天国と地獄という基本的概念が存在します。そしてヨガの世界観にも私たち人間は天からの落第者という考え方があります。つまり、魂を磨いて天に昇る必要があるという本能が私たち人間にはインプットされていると考えられています。そんなことを言われてもなかなかイメージしづらいと思いますが、日常生活において、富士山や東京タワーに登ろうとする行為がそれに当たるのですね。中には何度も険しいエベレスト登頂を目指す方もいらっしゃいますが、その理由として「そこに山があるから登るんだ」という答えが返ってくることもしばしばです。そして、人類は飛行機だけでなく、宇宙ロケットを開発し、宇宙にまで行くようになりました。今もなお、世界中で高い建築物を建てることも競い合われています。つまりこれらの行為は重力に逆らい、天に昇ろうとする人間の本能がそうさせているのだと考えられています。伝統的ヨガは、こうした人間の本質的欲求を満たすために生み出され、代々行われてきたのです。

伝統的ヨガは、インドの達磨大師により中国に伝わり、気功や太極拳などの中国武術にも多大な影響を与え、その後、日本に禅として伝わっていきました。意外に思われるかもしれませんが、禅のルーツはヨガだったのですね。ただインドから中国、日本に伝わっていく過程において多くの教えが失伝していったのも事実です。

一方、現在、ヨガスタジオなどで取り組まれているヨガは、現代版にアレンジされたモダンスタイルのヨガで、主にフィットネスや健康増進を目的として行われています。元々のはじまりは、インド政府が、ヨガを世界に普及させようとした際、伝統的ヨガを一般に普及させるには少し危険だと考え、1920年代にインドのカイヴァルヤダーマ研究所にて、科学的検証を行い、危険性を排除していったのがモダンヨガ誕生のきっかけとなりました。

当初は、伝統的ヨガのエッセンスが色濃く残っていましたが、1990年代後半にアメリカで起こった

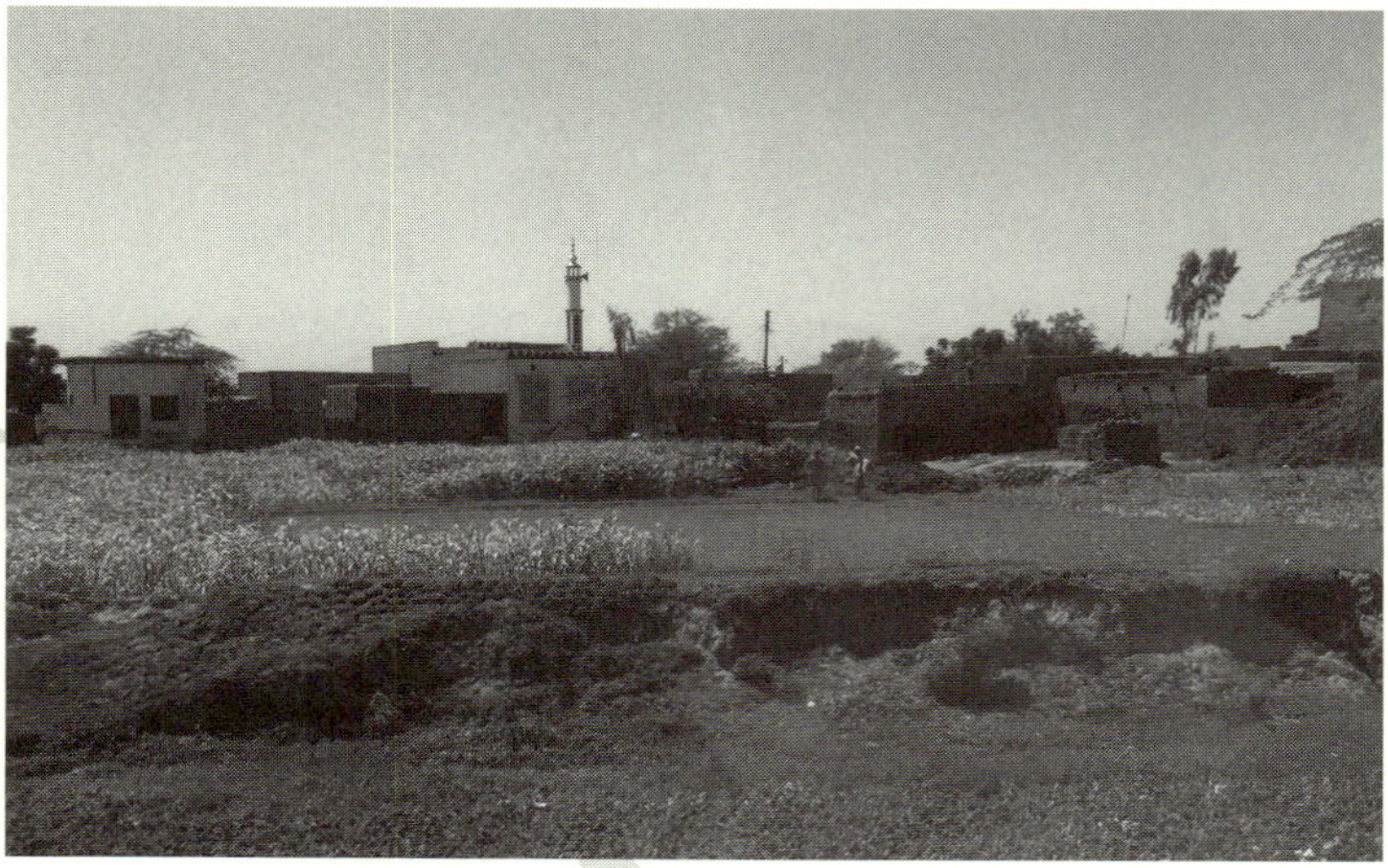

代々クンダリーニヨガが継承されてきたヨギ・バジャン師の生まれ故郷、ハルカルン村にて（2015年6月）

ヨガブームが世界規模で広がりをみせ、次第にフィットネス色を強めていきました。

一般的にヒマラヤ山中で行なわれていたヨガのことを総称して「伝統的ヨガ」といい、カイヴァルヤダーマ研究所にて新しく改変されたヨガ、もしくはそれ以降つくられたヨガのことを総称して「モダンヨガ」といいます。パワーヨガやホットヨガ、その他様々な名称のヨガの多くはこのモダンヨガに該当します。

伝統的ヨガとモダンヨガは、アーサナや呼吸法など一部形として似ている部分はありますが、全く別のヨガといえます。伝統的ヨガは今やインドに行っても学ぶことが困難であり、運良くその技法を継承しているグル（導師）に出会えるかどうかにかかっているといえます。

4　〝伝説〟のヨガ「クンダリーニヨガ」！

古今東西、様々なヨガが存在することは説明させていただきました。その数ある流派の中でも何千年もの間、〝伝説のヨガ〟として言い伝えられてきたヨガがあります。その流派は「クンダリーニヨガ」と呼ばれ、尾てい骨に眠る潜在的な気〝クンダリーニ〟を脳まで上昇させ、潜在能力を開花させることを目的としたヨガです。どうして伝説かといいますと、長い間、その名前だけが語られ、実際にそのヨガを見た者が誰もいなかったからです。

では、クンダリーニヨガは、やはり実在しない幻のヨガなのでしょうか…？

…それが実在したのです！！

その名前だけが語られていた〝伝説のヨガ〟は、インド北西部の村で今日まで秘密裏に脈々と受け継がれていたのです！

無理もありません。クンダリーニヨガは強烈なパワーを秘めた技法で構成されていたため、門外不出のヨガでしたので。

そのクンダリーニヨガを初めて世の中に公開したのが、ヨギ・バジャン師（１９２９～２００４）でした。ヨギ・バジャン師は、インド出身（現パキスタン領）で、クンダリーニヨガの世界唯一のマスターでした。そして、多くの著名なインドのグルたちが渡米するようにバジャン師も１９６９年にカナダを経てアメリカに渡り、クンダリーニヨガの本格的な指導を始めるのでした。その後、その教えを受けた弟子たちが世界各地に散らばり、現在では、多くの人たちが、それまで秘伝とされてきたクンダリーニヨガを学べるようになりました。

眠れる能力を限りなく引き出し、最高のパフォーマンスを発揮したいと願う方はぜひ、クンダリーニヨガをライフスタイルに取り入れることをお勧め致します。

クンダリーニヨガの具体的な実習方法については第5章をご覧ください。

5　ヨガ的メンタル・トレーニング

第3章では、最新の知見からヨガがメンタル・トレーニングとして効果的なことを書かせていただきました。マインドフルネス的アプローチだけに留まらず、ヨガのアーサナは筋肉を弛緩させ、呼吸法は副交感神経の活動を高め、リラクセーションを深めてくれます。こうした個々のヨガのテクニックはメンタル・コントロール法として大変優れたものであることは言うまでもありません。

しかし、それらはあくまでも一時的なコントロールに過ぎず、次々にわき起こる心の奥底に眠る悩みが解決するわけではありません。次々に悩みが生じる要因として、ヨガの教えでは、人にはそれぞれ魂の向上を願う本質的欲求が内在されていると考えられ、その本質的欲求が満

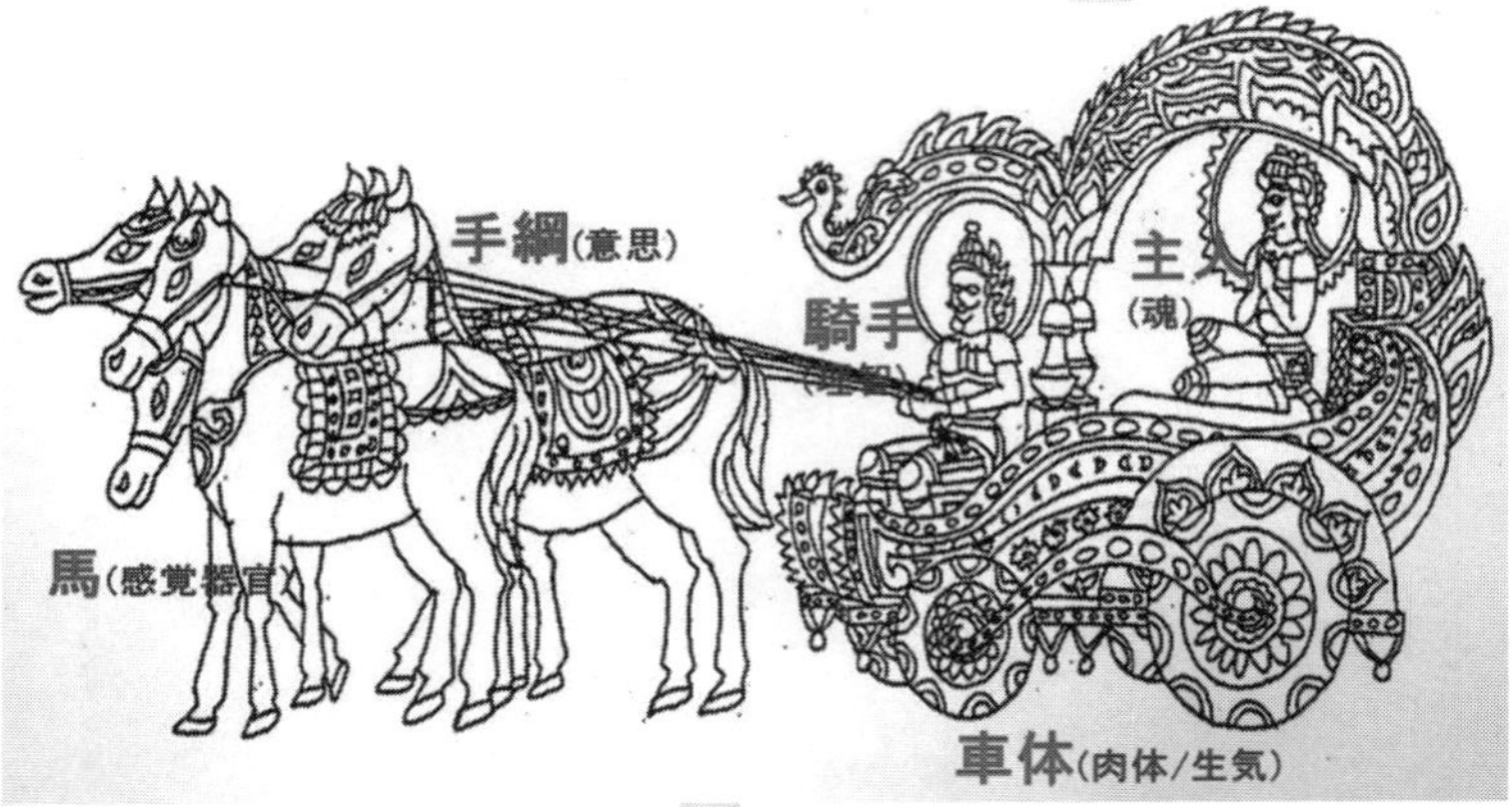

人間馬車説

たされないことで次々と形を変え悩みがわき起こってくると考えられています。言い方を変えれば、悩みは魂からのメッセージと言えるかもしれません。

紀元前1000年頃から伝承されているヨガの聖典「カタ・ウパニシャッド」では、人間を馬車に例えた「人間馬車説」を用いて、ぶれない強い自己を確立する方法について説いています。

「カタ・ウパニシャッド」によりますと、5頭の馬は私たちの5つの知覚器官（視覚、嗅覚、味覚、聴覚、触覚）を表し、残りの5頭は5つの運動器官（手、脚、口、排泄器、生殖器）を表しているとされています。

そして、馬車が肉体、その中の主人が魂、騎手が理智、手綱が意思を表しています。多くの現代人は、「あれが食べたい、これが欲しい」など馬（感覚器官）が暴走しているため、主人（魂）の行きたい方向に馬車が進めない状況になっています。

ですのでヨガでは、まず呼吸法や瞑想法で感覚器官をコントロールし、馬をおとなしくさせることを目指します。

馬がおとなしくなれば、騎手が手綱をうまくコントロールして主人の行きたい行き先に連れて行くことが可能になってきます。

しかし、もしこの騎手が地図に不慣れであるならば、たとえ馬を手なずけたとしても誤った目的地に主人を連れて行ってしまうことになりかねません。

そこで、ヨガでは感覚器官のコントロールだけでなく、聖典などを学び、正しい認知をインプットすることを目指します。

そうすればようやく主人の行きたい目的地を騎手が理解し、手なずけた馬を手綱を引っ張ってうまくコントロールし、本来の目的地（魂の目的）に到達できるという訳なのです。

主人が本来進むべき方向性と馬の進む方向性が一致した時、人は首尾一貫したぶれない人生を歩むことができると思われます。

5

第5章

クンダリーニヨガの理論と実践

この章では、伝統的なクンダリーニヨガのトレーニングにより精神力、脳力を高める方法をご紹介します。最新のメンタル・トレーニングについては、第8章のサイバーヨガのページをご覧下さい。

【理論編】クンダリーニヨガの基礎知識　これだけは押さえよう！

クンダリーニヨガは、第4章でも触れましたように、尾てい骨に存在するクンダリーニ・エネルギーを活性化し、脳まで上昇させることを目的としています。膨大な数のテクニックで構成されていますが、基本的に、①クンダリーニを活性化させるテクニックと、②クンダリーニを上昇させるテクニックのどちらかに分類されます。つまり、脳を活性化させるには、「活性化」と「上昇」をバランス良く行なう必要があります。

具体的なテクニックの紹介の前に、クンダリーニヨガを実践する上でぜひ知っておいていただきたい基礎知識をいくつか明記させていただきます。

1　クンダリーニ（先天の気）とプラーナ（後天の気）

「気」には大きく2種類あり、母親の胎内で養われ生まれもった時から体内に宿っている「先天の気」と、食物や呼吸など体外から養われる「後天の気」があります。クンダリーニは「先天の気」に該当し、空気中に多く存在し呼吸法で養われるプラーナは「後天の気」に該当します。ヨガの哲学では、クンダリーニは人間の根源的なエネルギーとされ、クンダリーニによって人間の生命活動は維持されていると考えられています。そして、プラーナを取り込むことによってさらにその生命力が高まると言い伝えられています。

2　ナーディ

「ナーディ」とは、気が流れる気道のことで、人体には72000本存在するといわれています。その中でも重要なものに「イダ」、「ピンガラ」、「スシュムナ」と呼ばれる3本のナーディがあり、特にスシュムナはクンダリーニの通り道として極めて重要視されています。

①　イダ

尾てい骨から眉間を経て左鼻まで伸び、ここに気を流すと精神が沈静化すると考えられています。

②　ピンガラ

尾てい骨から眉間を経て右鼻まで伸び、ここに気を流すと精神が活性化すると考えられています。

③　スシュムナ

尾てい骨から頭頂にかけて伸び、クンダリーニの上昇ルートです。

これら3つのナーディは、互いに絡み合いながらつながっており、その交錯する部分に心身に影響を与える「チャクラ」と呼ばれるエネルギー・センターがあります。

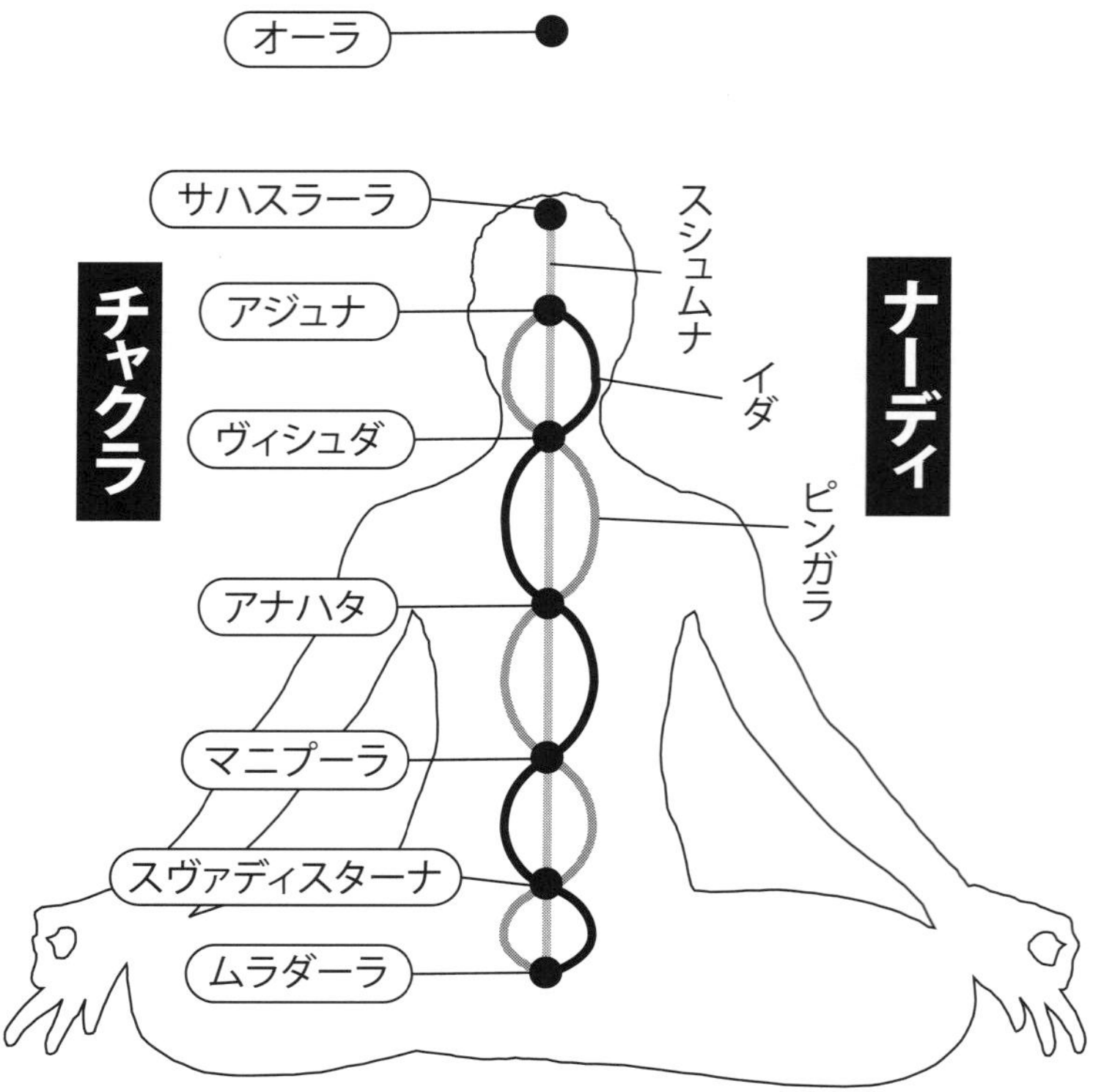

気の通り道である「ナーディ」は人体中に72000本存在するとされ、中でも重要な3本「イダ」「ピンガラ」「スシュムナ」は互いに絡み合いながら根幹を担っている。その交錯する部分には「チャクラ」と呼ばれるエネルギー・センターがある。

3　チャクラと臍下丹田

(1)　チャクラ

「チャクラ」は〝輪っか〟という意味で人体に7つ存在するといわれ、クンダリーニヨガ特有の考えとして頭上（オーラ）に8番目のチャクラが位置付けられています。7つのチャクラはそれぞれ尾てい骨から頭頂にかけて存在し、役割もそれぞれ異なります。チャクラは人の肉体と精神に大きく関わり、クンダリーニが上昇することで各チャクラが活性化していき、心身の潜在能力が高まります。

以下に各チャクラの位置と役割について明記しました。

①ムラダーラ・チャクラ：会陰（肛門と生殖器の間）…安定性
②スヴァディスターナ・チャクラ：生殖器…精力、創造性
③マニプーラ・チャクラ：おへそ…心身の健康
④アナハタ・チャクラ：胸…情熱、愛情
⑤ヴィシュダ・チャクラ：喉…真実を語る力、コミュニケーション能力
⑥アジュナ・チャクラ：眉間…直感力、イメージ能力
⑦サハスラーラ・チャクラ：頭頂…高次元へのつながり
⑧オーラ：頭上…全てのチャクラのエネルギー総量

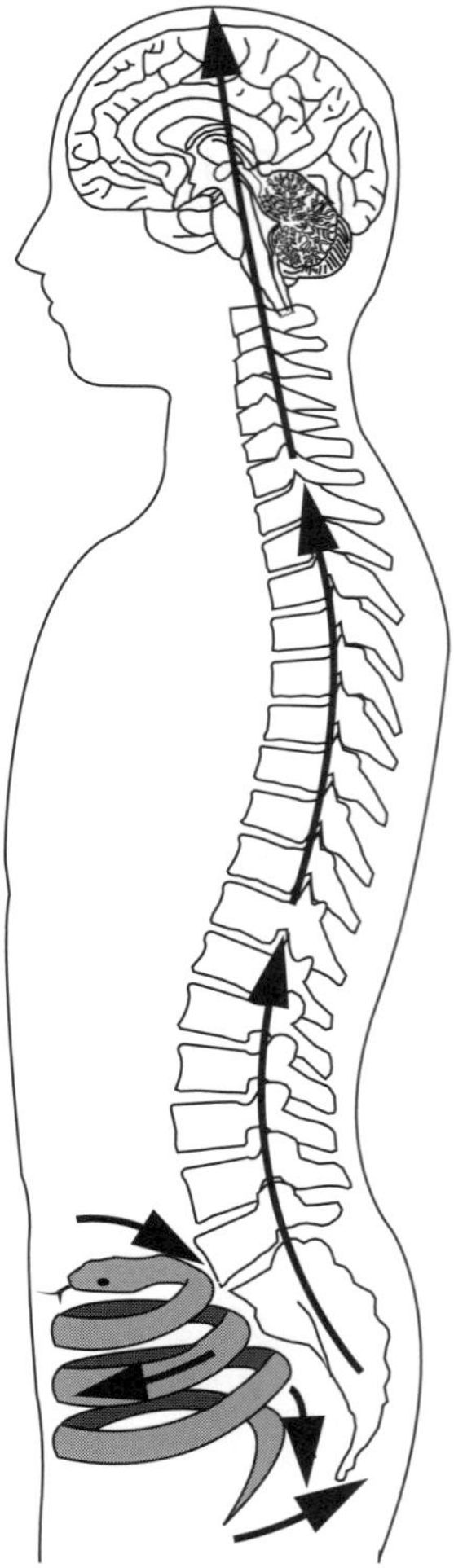

クンダリーニの出発点は臍下丹田にあり、そこからコイル状に下降しながら１番目のチャクラに流れ込んだのち、頭頂部の７番目のチャクラを目指して上昇していく。クンダリーニはその形態（３回半ひねり）から一匹の蛇に見立てられ、頭（本質）が臍下丹田（へそ下約５センチ）、尻尾（末端）が１番目のチャクラ（会陰）に相当すると考えられている。

(2)　臍下丹田

臍下丹田は古来より日本では特に重要視されてきた気の源で、おへそから会陰の間（へそ下約5センチ）に存在すると言い伝えられています。実際、日本文化は「肚（ハラ）の文化」と呼ばれ、武道、禅、茶道、華道、書道、能など、伝統芸能の所作には臍下丹田を養成するような所作がいくつも見受けられます。昔の日本人は日頃からこうした内感覚を高めるような機会に恵まれていましたが、明治以降、効率化を重んじる西洋体育の普及と共にその感覚は次第に薄れてきました。

臍下丹田は、性質的にチャクラと同一視され、特に場所柄2番目のチャクラと混同されることが多いといえます。しかし、仮に臍下丹田が2番目のチャクラであれば、なぜ日本文化では2番目のチャクラを重視し、インドでは尾てい骨付近にある1番目のチャクラを重視するのでしょうか？　この部分に関して、ヨギ・バジャン師は、臍下丹田とチャクラを分けて捉え、別のものとして認識されていました。臍下丹田は、気の源であり、72000あるナーディの出発点と考えられています。

すべての気の出発点ですからクンダリーニも正確には尾てい骨ではなく臍下丹田に存在します。臍下丹田を出発したクンダリーニは、いったんコイル状に下降しながら1番目のチャクラへと流れ込み、その後、頭頂部の7番目のチャクラを目指して上昇していきます。

クンダリーニが尾てい骨に存在するというのは間違いではなく、一匹のヘビをクンダリーニと見立てて考えてもらえれば分かりやすいと思います（クンダリーニは3回半ひねりのエネルギー体で、その形態からヘビによく見立てられます）。ヘビの頭が本質とすれば、頭の部分はへそ付近、臍下丹田に位置し、末端の尻尾が尾てい骨付近、会陰まで伸びているイメージです。つまり、おおざっぱにいいますと、へそ下から会陰までのラインがクンダリーニの住処といえます。

実際、クンダリーニヨガでは、「火の呼吸」と呼ばれる激しい呼吸法を行いますが、それは臍下丹田に存在するクンダリーニを刺激するためなのです。火の呼吸に限らず、クンダリーニヨガでは、マントラ（真言）を唱えるときなど、おへそを強く引き込むのも同様の理由からです。

少し複雑ではありますが、臍下丹田とチャクラ、クンダリーニの関係をきちんと把握していませんと、後にレクチャーさせていただきます実践編の理解が困難になってきますので、事前にきちんと把握されることをお勧め致します。

【実践編】メンタル・トレーニングとしてのヨガ

1　正しい腹式呼吸の習得

はじめに、正しい腹式呼吸を習得する必要があります。まずは正しい基本の座り方を修得します。左足のかかとを会陰（肛門と生殖器の間）に当て、右足は左足のふくらはぎの上に乗せます（会陰を圧迫させることでクンダリーニが上昇しやすくなります）。

背筋を正し、顔を正面に向け、肩と顔をリラックスさせます。目を閉じ、閉じた状態で両目を軽く寄せて上に向け、眉間を見つめるようにします。呼吸法中は、常に眉間と臍下丹田に意識を向けます。

正しい腹式呼吸のために、正しい姿勢をとる。左足のかかとを会陰に当て、右足はふくらはぎの上に乗せる。背筋を正し、顔を正面に向け、肩と顔をリラックスさせる。瞼を閉じて両目を軽く寄せて上に向け、眉間を見つめるように。

次に呼吸の練習に移ります。呼吸するときにお腹周りの筋肉を使い、肩や胸など上半身に力を入れないように気をつけます。はじめのうちは、お腹と胸が一緒に動いてしまうと思いますが、次第にお腹だけを動かせるようになります。お腹と胸を独立して使えるように以下の要領で呼吸法を段階的に習得していって下さい。ちなみに、ヨガでは特別な指示がない限り呼吸は全て鼻で行ないます。

(1)　仰向け姿勢でお腹に両手を乗せて呼吸

仰向けになり、両手をお腹の上に乗せ、手の重みを感じながら、息を吸って両手を上に持ち上げ、吐いて下ろします。手の重みを感じながら呼吸することで、きちんとお腹で呼吸できているかどうかが確認できます。

(2)　仰向け姿勢でお腹と胸に手を乗せて呼吸

次に、お腹と胸にそれぞれ手を乗せ、胸は動かさず、お腹だけが動くように呼吸できるように練習します。

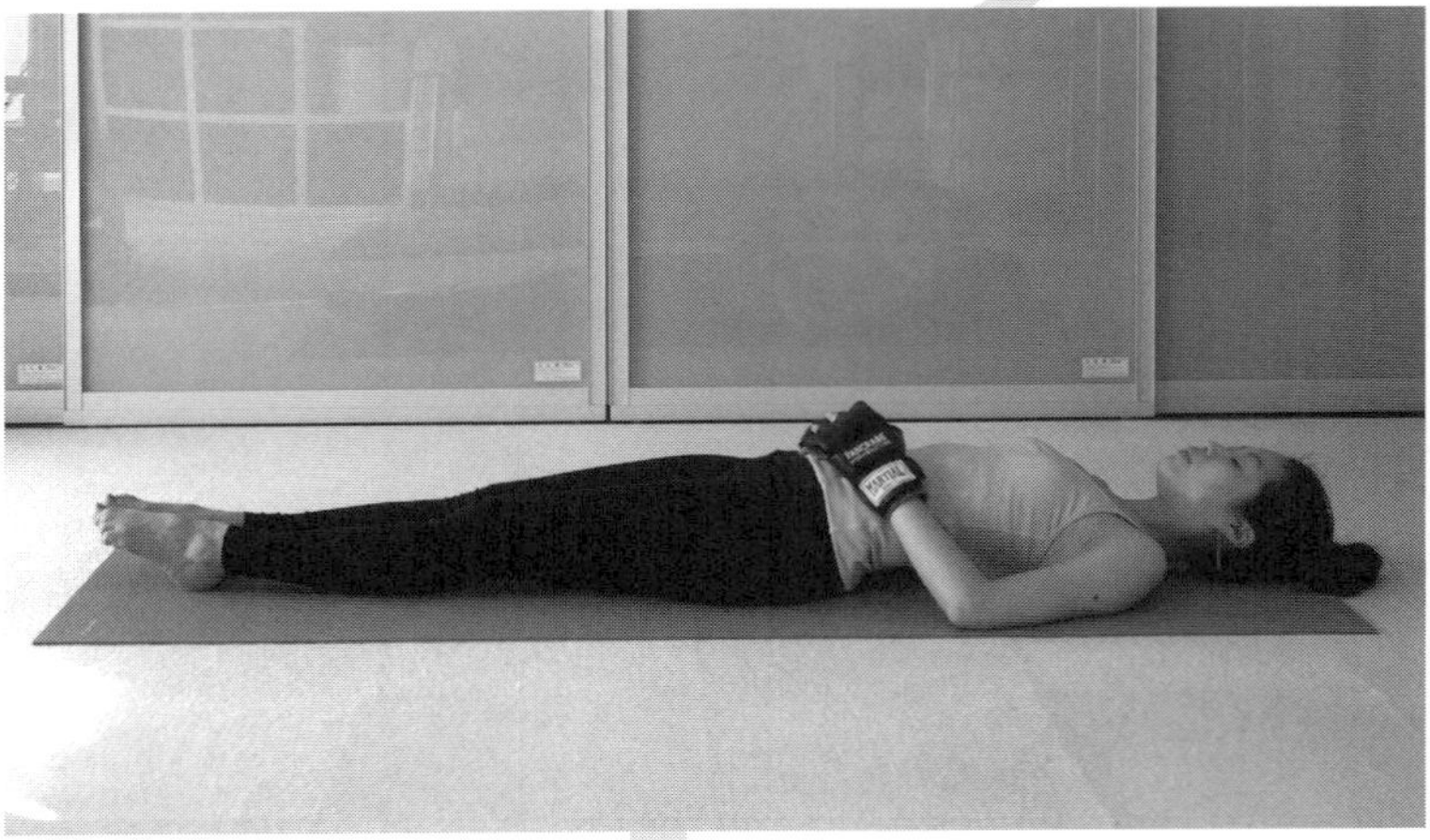

仰向けになり、両手をお腹の上に乗せ、手の重みを感じながら息を吸って両手を上に持ち上げ、吐いて下ろす。

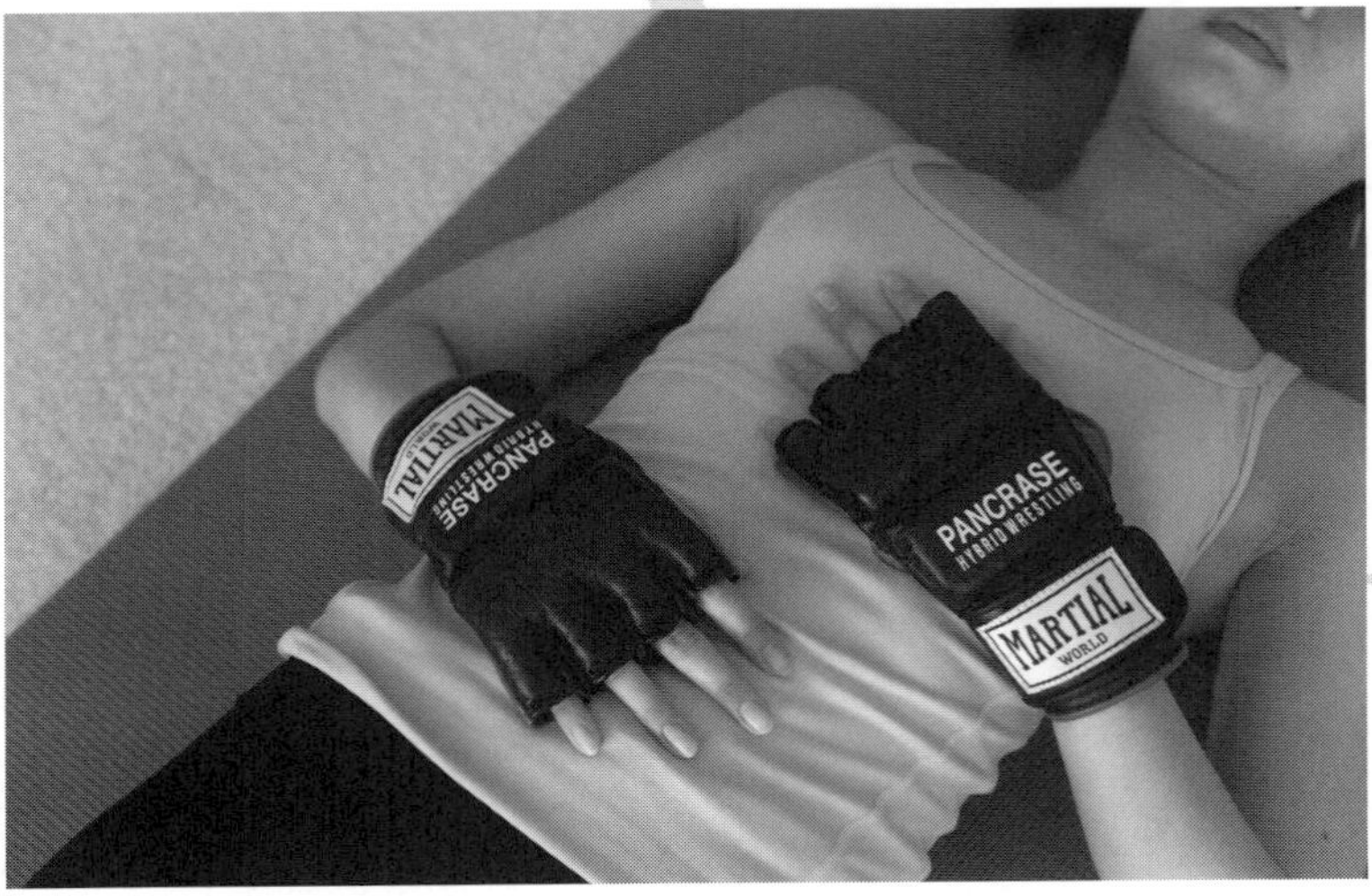

お腹と胸にそれぞれ手を乗せ、胸は動かさず、お腹だけが動くように呼吸する。

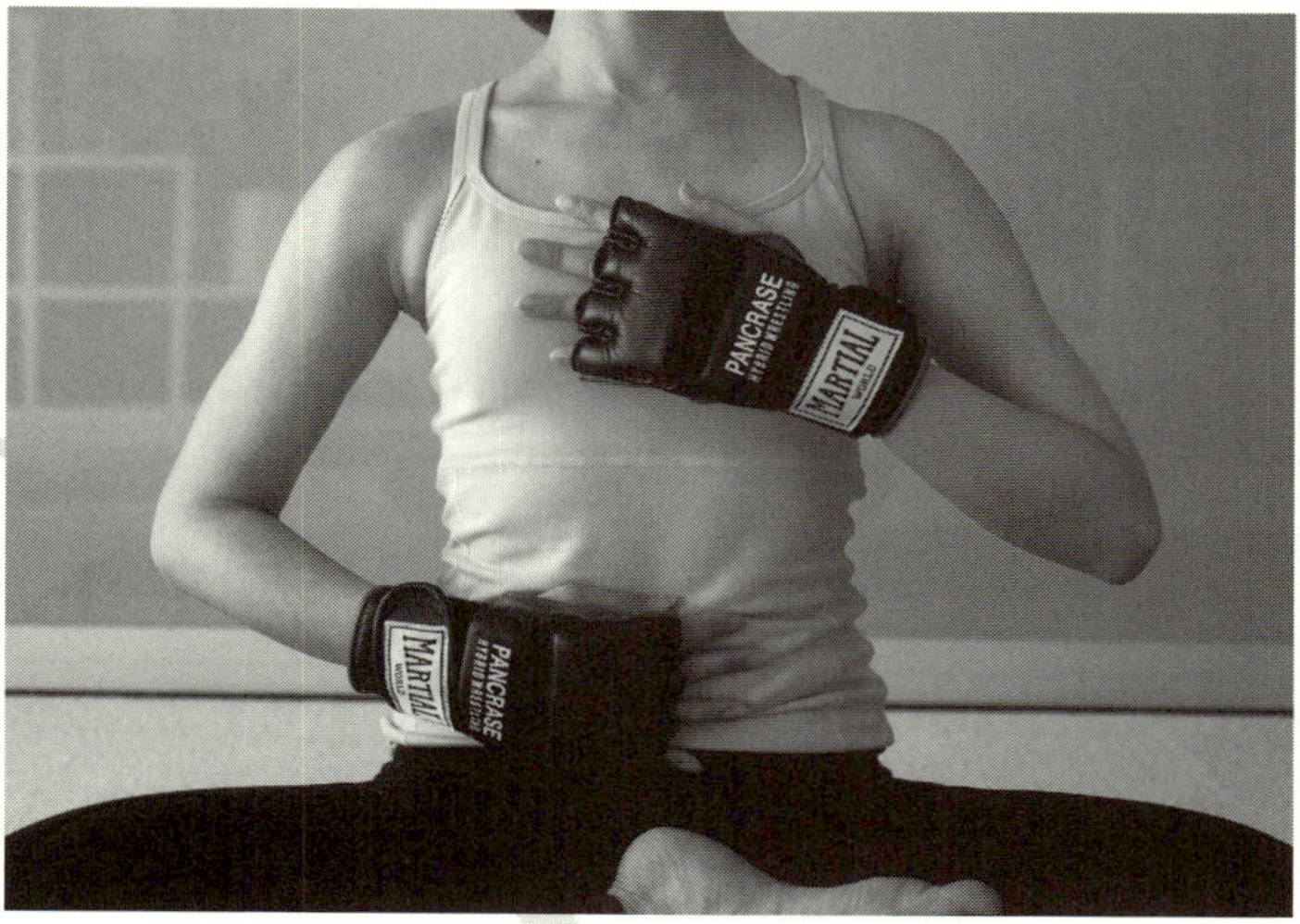

基本の姿勢で座り、お腹と胸にそれぞれ手を当て、胸は動かさず、お腹だけが動くように呼吸する。

(3)　座り姿勢でお腹と胸に手を乗せて呼吸

基本の姿勢で座り、お腹と胸にそれぞれ手を当て、胸は動かさず、お腹だけが動くように呼吸できるように練習します。

呼吸法中は肩や顔に力が入りやすいので、注意しながら呼吸をしましょう．繰り返し行なうことで、力まず自然な腹式呼吸ができるようになります．

2　ヨガ秘伝の呼吸法「火の呼吸」！

(1)　「火の呼吸」とは？

「火の呼吸」は、1秒間に2、3回のペースで行なう非常にパワフルな呼吸法で、臍下丹田のエネルギーを強烈に高めるクンダリーニヨガの根幹をなす呼吸法です。座った姿勢から練習し、慣れれば様々なポーズと組み合わせて行ないます。

(2)　「火の呼吸」の効果

腹式呼吸は正しく行なわないと、生理反応としてはまるで違う効果が現れてしまう。下記は正しく行なった場合とそうでない場合とを、発汗量、指先の温度、呼吸振幅（お腹の動き）、心拍、の４つを同時計測したデータで比較したもの。正しく行なえば副交感神経系優位となるため、発汗は減少、指先の温度は上昇し、呼吸と心拍が同調した状態になる。

正しい腹式呼吸

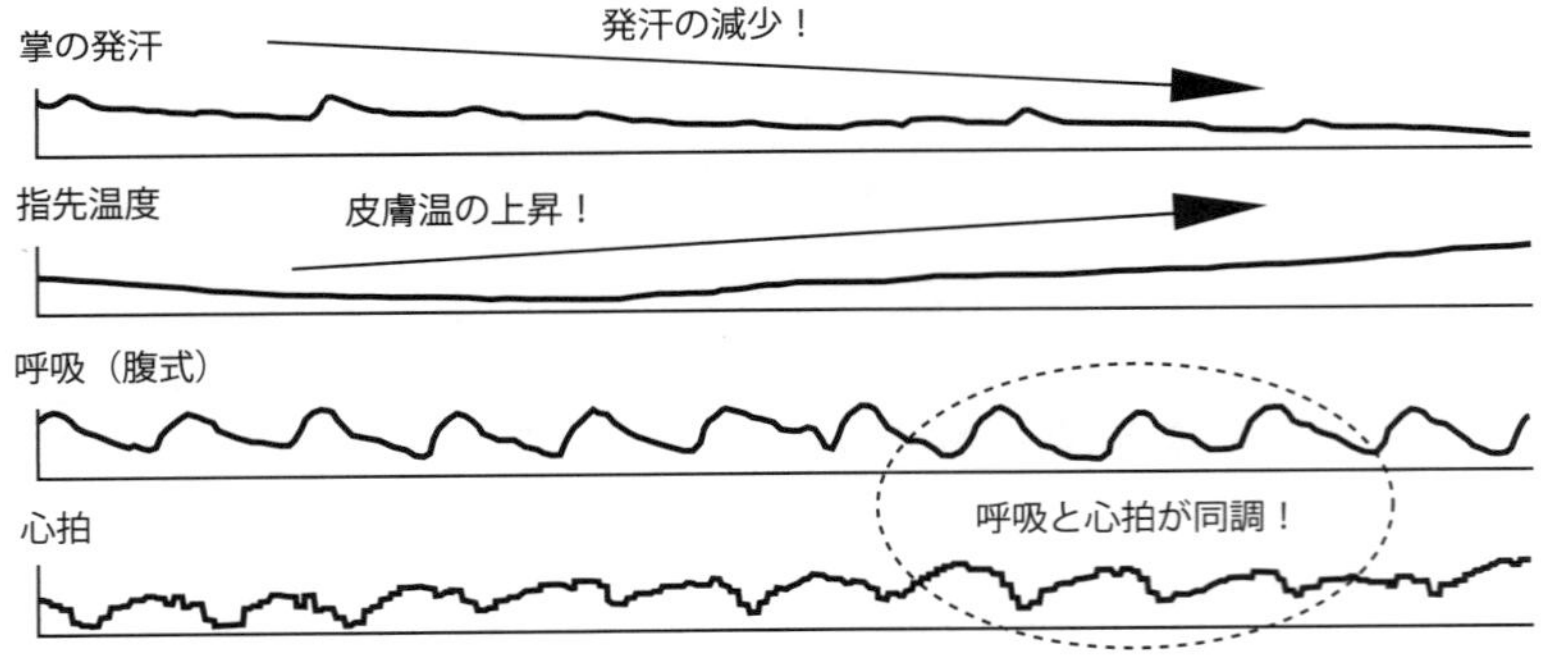

誤った腹式呼吸

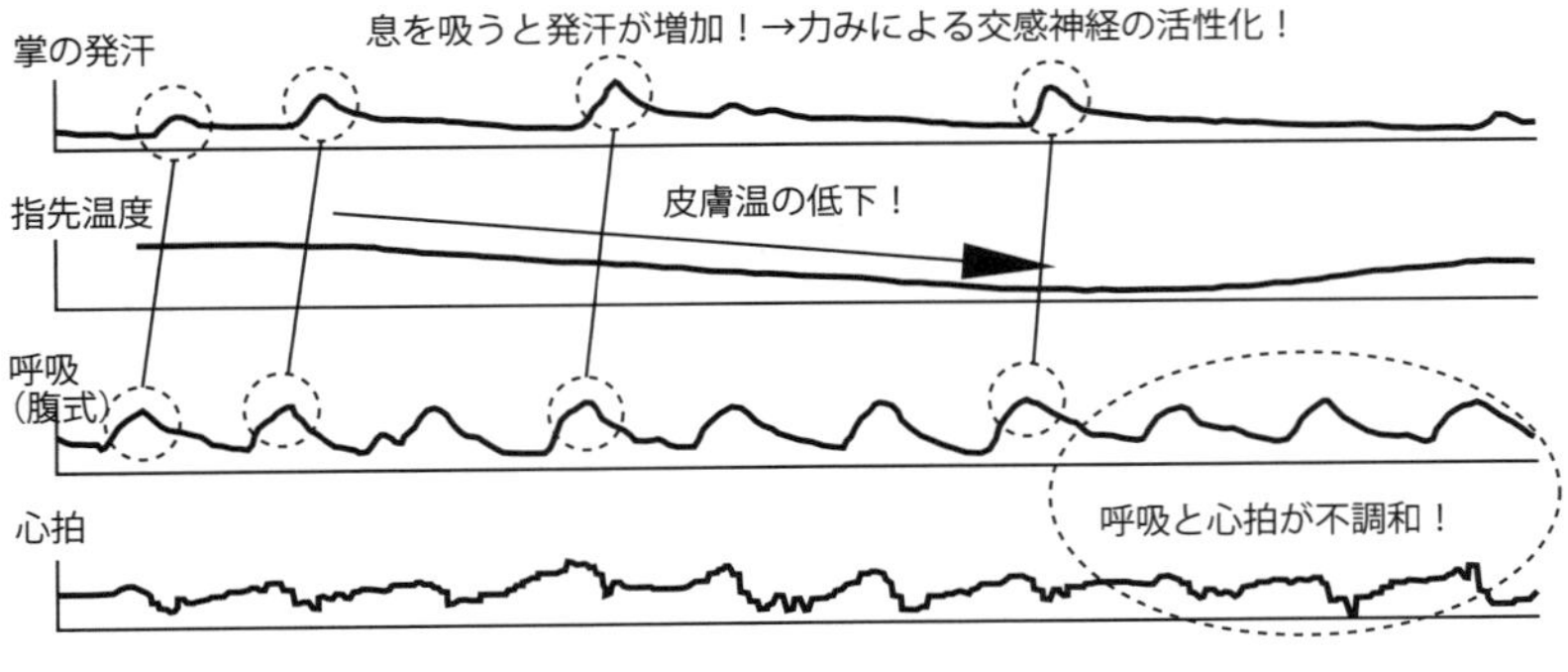

ヨギ・バジャン師は、「火の呼吸」について以下の効果を挙げています。

・肺、血液、細胞のデトックス
・肺活量の増加と生命力の向上
・ストレスに対する神経システムの強化
・交感神経および副交感神経のバランスを整え、自律神経活動を安定化
・臍下丹田と第3のチャクラの強化
・スタミナの強化
・オーラの強化
・タバコ、ドラッグ、アルコールなどの悪い習慣を断つのに役立つ
・脳に供給される酸素量が増加し、注意・集中が高まり、精神が安定する
・免疫力を高め、病気に対する抵抗力が強くなる
・生体バイオリズムを整えてくれる

(3)「火の呼吸」のやり方

基本の姿勢で座り、親指と人差し指の先をくっつけ、他の指はまっすぐ伸ばし（ギヤン・ムードラ）、膝の上に乗せます。目を閉じ、眉間と臍下丹田に意識を集中させます。

息を吐くときに臍下丹田（おへそ付近）を強く引き、吸うときは臍下丹田を緩めて自然に息が入ってくるようにします。吸うときに腹筋を緩めることがポイントです。緊張と弛緩のリズムが重要です。呼吸は

火の呼吸

基本の姿勢で座り、親指と人差し指の先をくっつけて他の指をまっすぐ伸ばし（ギヤン・ムードラ）、膝の上に乗せる。目を閉じ、眉間と臍下丹田に意識を集中させる。
息を吐くときに臍下丹田（おへそ付近）を強く引き、吸うときは臍下丹田を緩めて自然に息が入ってくるようにする。呼吸はすべて鼻で行ない、１秒間に２、３回のペースで。

全て鼻で行ないます。1秒間に2、3回のペースで呼吸をし、まずは3分間楽にできるようにします。臍下丹田から尾てい骨にかけて熱くなる感覚が出てくればエネルギーが高まっている証拠です。

(4)「火の呼吸」の注意点

息を力強く吐いて、臍下丹田を刺激するのがこの呼吸法の本来の目的ですので、スピードにとらわれ、浅い呼吸にならないように注意して下さい。速さよりも強さを重視し、慣れるに従い、徐々にペースを速くしていきます。

その他の注意事項は以下に明記しました．

・なるべく空腹時に行ない、食後であれば最低2時間は空けて下さい。
・飲酒後や熱がある場合、妊娠中、高血圧の方は行なわないで下さい。
・呼吸法中に手足がしびれたり、頭がぼーっとする場合は、酸欠の兆候ですので、呼吸法を中止し、安静につとめて下さい。

3　脳を活性化させる「バンダ」

「火の呼吸」でクンダリーニが活性化すれば、それをスシュムナを通じて脳まで運ぶ必要があります。しかし、それには臍下丹田から尾てい骨付近に留まっているクンダリーニの流れを促す必要があります。そこでヨガでは「バンダ」というテクニックを使います。

「バンダ」は、身体の特定部位を締め付けるヨガ独特のテクニックで、クンダリーニの流れを促進させる効果があります。大きく4種類あります。以下にやり方を明記します。

(1) ムル・バンダ

「ムル・バンダ」は、〝ルート・ロック〟とも呼ばれ、最もよく使われるバンダです。

ムル・バンダには、息を吸って行なうやり方と、息を吐いて行なうやり方の2つの方法があります。

・吸ムル・バンダ

お腹に息を吸い、保息した状態で肛門、生殖器、おへそを約10秒間締め付けます。

クンダリーニの流れを促すにはまず、居座っているクンダリーニに圧力を加える必要があります。そこで先人たちは、プラーナとアパーナと呼ばれる気が反発し合う性質であることを知り、それをクンダリーニの流れを促すテクニックとして活用しました。

プラーナは体内では胸の部分に多く存在し、アパーナは排泄（デトックス）に関わる気であるため肛門部分に多く存在すると言い伝えられています。ヨギ・バジャン師によりますと、息を吸うとプラーナがおへその辺りまで下降し、その状態で肛門を締め付けるとアパーナもおへそ辺りまで上昇してくると語っていました。つまり、息を吸ってムル・バンダをすることで、おへそ辺りでプラーナとアパーナが結合し、臍下丹田に眠るクンダリーニに圧力が加えられ動き出すという原理です。

ヨガの著名な経典である「バガヴァッド・ギーター」にもプラーナとアパーナの結合の重要性が説かれています。

吐ムル・バンダ

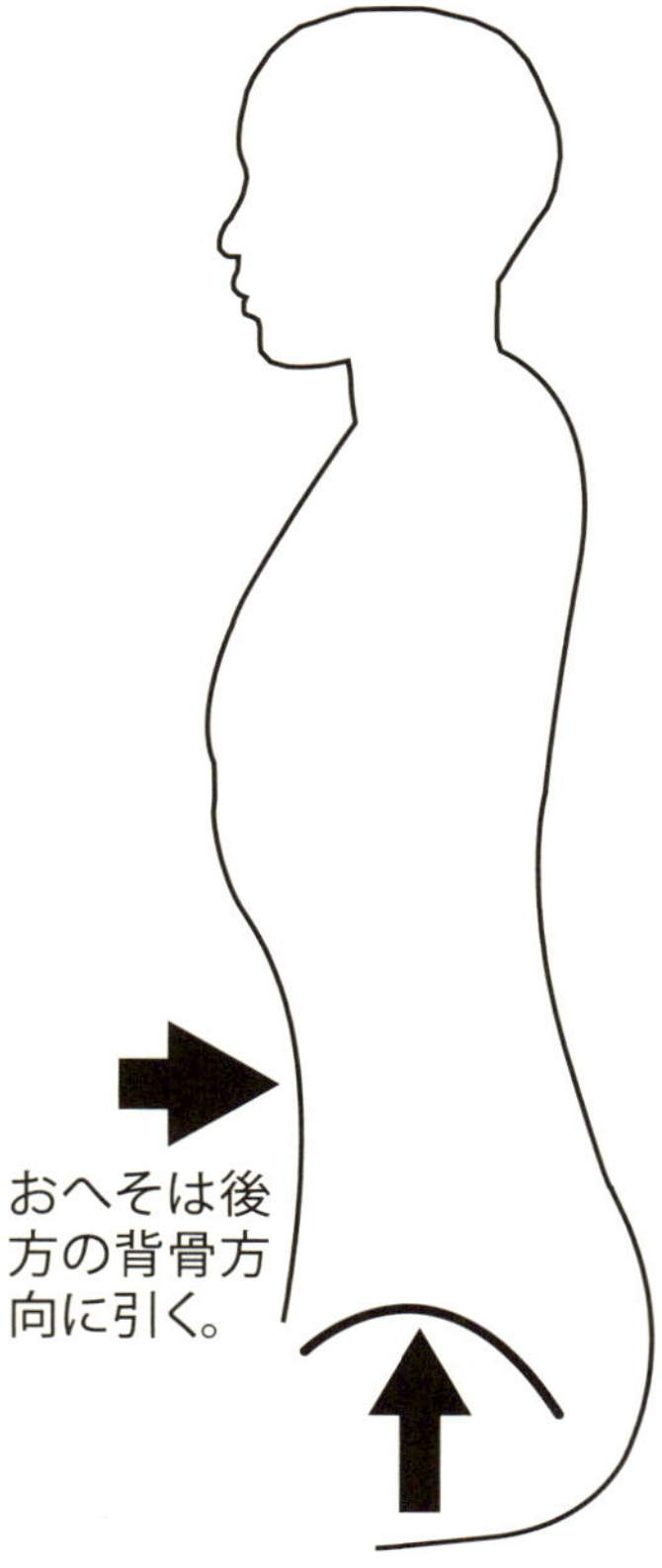

息を吐きながら肛門、生殖器、おへそを締めつつ、息を吐き切った状態でさらに約 10 秒間強く締め付ける。下方の筋肉群を締め付けることによってクンダリーニを上昇させる。

吸ムル・バンダ

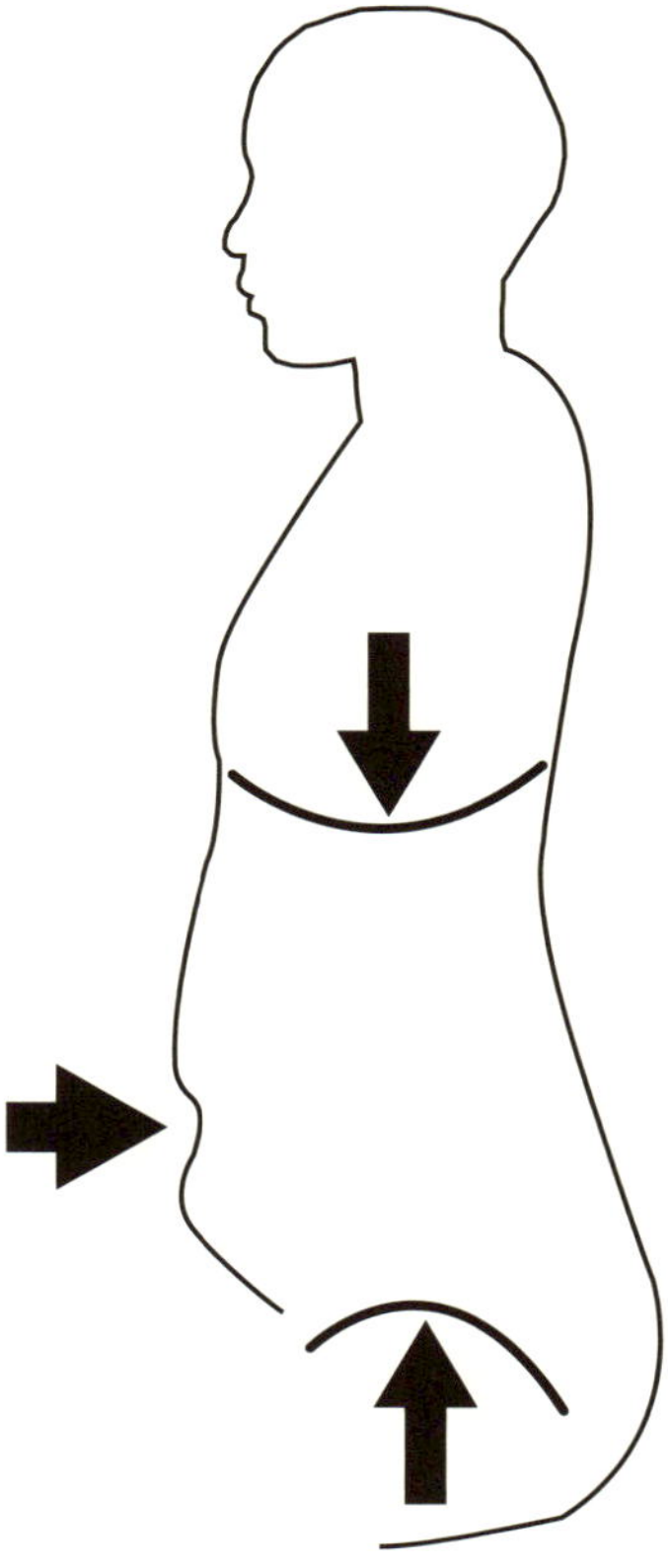

お腹に息を吸い、保息した状態で肛門、生殖器、おへそを約 10 秒間締め付ける。クンダリーニに圧力を加えることによって流れを促す。

・吐ムル・バンダ

息を吐きながら肛門、生殖器、おへそを締めつつ、息を吐き切った状態でさらに約10秒間強く締め付けます。おへそは背骨方向に引き込みます。

圧力が加えられ、動き出したクンダリーニの流れを上方向に向けるのが目的です。ムル・バンダにより、クンダリーニはおへそ辺りまで上昇します。

(2) ウッディヤーナ・バンダ

「ウッディヤーナ・バンダ」は、〝ダイアフラム・ロック〟とも呼ばれ、横隔膜を上に引き上げることで、ムル・バンダ適用時よりもさらにエネルギーが上昇します。

息を吐きながら肛門、生殖器、おへそを締めつつ、さらに横隔膜を引き上げ、息を吐き切った状態で約10秒間強く締め付けます。おへそは上方向に引き上げます。

ウッディヤーナ・バンダにより、クンダリーニは喉の辺りまで上昇します。腸や心臓がマッサージされ肉体が若返ります。

(3) ジャランダーラ・バンダ

「ジャランダーラ・バンダ」は、〝ネック・ロック〟とも呼ばれ、簡単ですがとても重要なテクニックです。ハタヨガなど他の流派にもジャランダーラ・バンダはありますが、やり方が大きく異なります。

マハ・バンダ

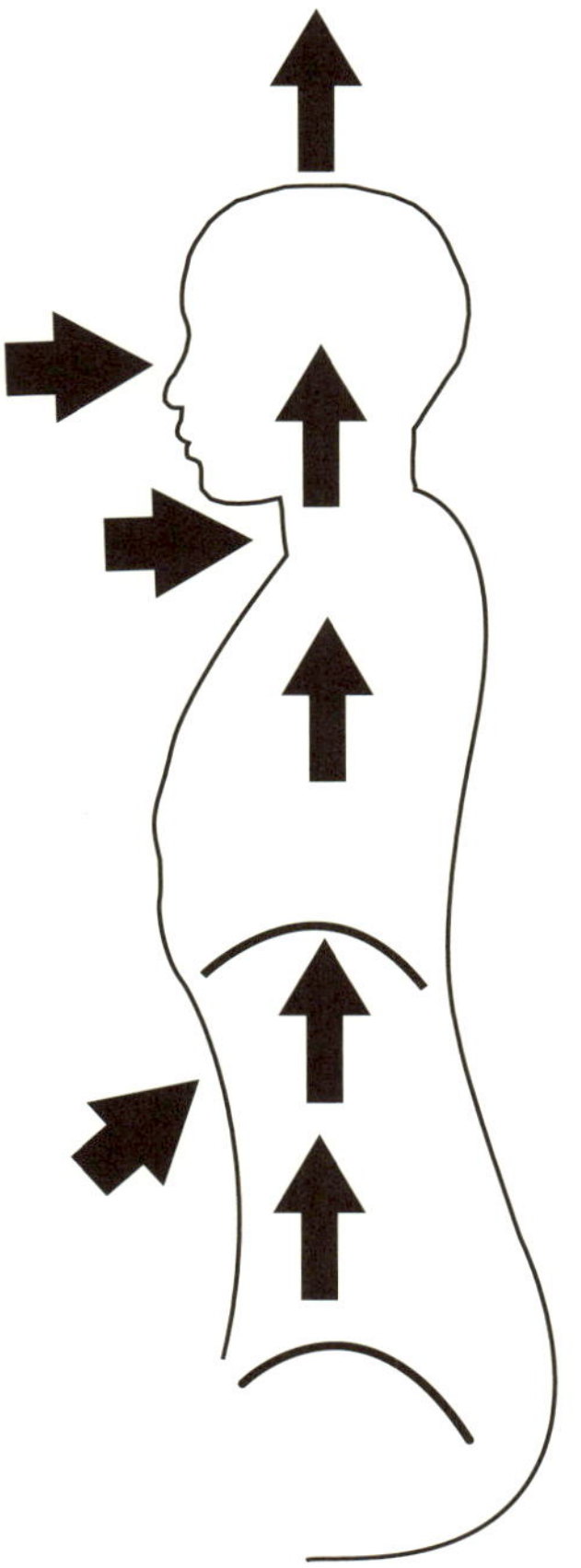

ムル・バンダ、ウッディヤーナ・バンダ、ジャランダーラ・バンダを同時に行ない、クンダリーニを尾てい骨から脳、頭上、オーラにまで上昇させる。

ウッディヤーナ・バンダ

息を吐きながら肛門、生殖器、おへそを締めつつ上方向に引き上げ、さらに横隔膜を引き上げ、息を吐き切った状態で約10秒間強く締め付ける。

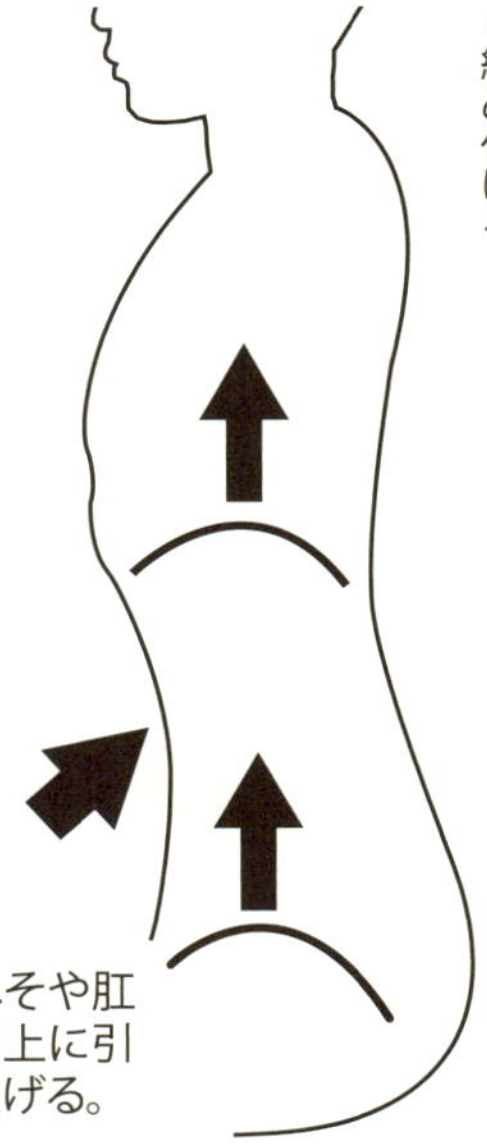
おへそや肛門を上に引き上げる。

ジャランダーラ・バンダ

顔を正面に向けたまま、頭部を後方にスライドさせる。喉の辺りで滞りがちなクンダリーニを脳まで運ぶ作用をもたらす。

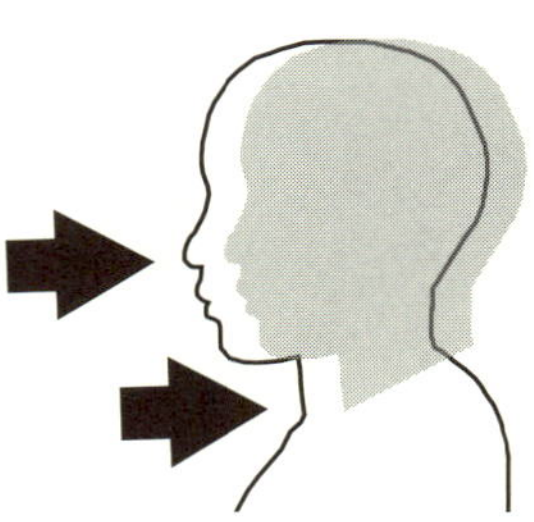
顔を正面に向けたまま後ろに平行移動。

クンダリーニヨガでは、顔を正面に向けたまま、頭部を後方にスライドさせます。たったこれだけのことなのですが、喉の辺りで滞りがちなクンダリーニを脳まで運んでくれます。呼吸法やメディテーション時もこのように軽く頭部を後方に引きます。バンダとして行なうときだけしっかりと後方に引くようにして下さい。

(4) マハ・バンダ

「マハ」とは〝偉大なる〟という意味の通り、ムル・バンダ、ウッディヤーナ・バンダ、ジャランダーラ・バンダを同時に行ない、クンダリーニを尾てい骨から脳、オーラにまで上昇させます。内分泌系や神経系、チャクラも活性化されます。特定のクリヤやメディテーション時に適用します。

4 入門ヨガ—準備的ヨガで循環を促す

さて、これから本格的な、メンタル強化を目的としたクンダリーニヨガに入っていく前に、もう一つ準備的なメニューをご紹介しましょう。前項でご紹介した腹式呼吸、火の呼吸、バンダの練習にもなり、ナーディの循環を促す効果があります。

(1) スーリヤ・ナマスカーラ（太陽礼拝）

① 両足をそろえて立ち、胸の前で合掌します。

① 両足をそろえて立ち、胸の前で合掌する。

② 息を吸いながら両腕を伸ばし、身体を後方に曲げる。

③ 息を吐きながら前屈をし、頭を膝に近付け、両手を床につける。

④ 息を吸いながら右足を後方に伸ばし、骨盤を前方に押し出し、顔を上に向ける。

⑤ 息を止め、身体をまっすぐにする。

⑥ 息を吐きながら顎、胸、両膝を床につける。骨盤部分は床から離す。

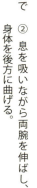

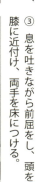

⑦ 息を吸いながら身体を反り、骨盤を前方に押し出し、顔を上に向ける。

⑧ 息を吐きながら腰を上げ、身体を三角形にする。

⑨ 息を吸いながら右膝を前方に伸ばし、骨盤を前方に押し出し、顔を上に向ける。

⑩ 息を吐きながら前屈をし、頭を膝に近付け、両手を床につける。

⑪ 息を吸いながら両腕を伸ばし、身体を後方に曲げる。

⑫ 息を吐きながら、胸の前で合掌する。

②　息を吸いながら両腕を伸ばし、身体を後方に曲げます。
③　息を吐きながら前屈をし、頭を膝に近付け、両手を床につけます。
④　息を吸いながら右足を後方に伸ばし、骨盤を前方に押し出し、顔は上に向けます。（※次のラウンドでは左右の足が逆になります。）
⑤　息を止め、身体をまっすぐにします。
⑥　息を吐きながら顎、胸、両膝を床につけます。骨盤部分は床から離します。
⑦　息を吸いながら身体を反り、骨盤を前方に押し出し、顔は上に向けます。
⑧　息を吐きながら腰を上げ、身体を三角形にします。
⑨　息を吸いながら右膝を前方に伸ばし、骨盤を前方に押し出し、顔は上に向けます。（※次のラウンドでは左右の足が逆になります。）
⑩　息を吐きながら前屈をし、頭を膝に近付け、両手を床につけます。
⑪　息を吸いながら両腕を伸ばし身体を後方に曲げます。
⑫　息を吐きながら胸の前で合掌します。

ここまでで1ラウンドで、2ラウンド目は④の時に左足を後方に伸ばし、⑨の時に左膝を前方に伸ばします。つまり右足の曲げ伸ばしと左足の曲げ伸ばしを1ラウンドずつ交互に行います。

動作中は、視線を鼻の先端に向け、⑧の三角形の姿勢の時のみ視線をおへそに向けます。

6～12ラウンド行ないます。

⑵　左鼻呼吸

基本の姿勢で座り、右手親指で右鼻の側面を押さえる。手のひらは左に向け、指をそろえ真上に向ける。この姿勢で左鼻だけで4秒かけて息を吸い、8秒かけて吐く。これを1〜3分繰り返す。

ヨギ・バジャン師が師匠の元で修行に励んでいた頃、クンダリーニヨガを行なう際のウォームアップとして太陽礼拝をよく採用していたそうです。

太陽礼拝は、ウォームアップとしてだけでなく、単独のエクササイズとしても優れたものです。心臓の活動および循環を高め、背骨を曲げ伸ばしすることで内臓がマッサージされ、消化器系の働きを促し、肺が鍛えられることで、血中により多くの酸素が取り込まれます。

太陽礼拝は流派によって動作が微妙に異なりますが、ここでは伝統的な太陽礼拝のやり方をご紹介しました。

⑵　左鼻呼吸

基本の姿勢で座り、目を閉じ、背筋を正します。以下、呼吸はすべて腹式呼吸で行ないます（以下⑵〜⑸共通）。

右手親指で右鼻の側面を抑えます。手のひらは左に向け、指をそろえ真上に向けます。

左手はギヤン・ムードラにし、膝の上にのせ、肘を

⑶　右鼻呼吸

基本の姿勢で座り、左手親指で左鼻の側面を押さえる。手のひらは右に向け、指をそろえ真上に向ける。この姿勢で右鼻だけで4秒かけて吸い、8秒かけて吐く。これを1～3分繰り返す。

伸ばします。

この姿勢で左鼻だけで4秒かけて息を吸い、8秒かけて息を吐きます。

吸うときには、左鼻から眉間を通って背筋を伝い尾てい骨まで気が流れていくイメージで、吐くときには尾てい骨から背筋を伝って眉間を通り左鼻から抜けていくイメージで行ないます。

1～3分行ないます。

最後にその姿勢のまま、吸ムル・バンダ→吐ムル・バンダを1回ずつ行ないます。

⑶　右鼻呼吸

左手親指で左鼻の側面を抑えます．手のひらは右に向け、指をそろえ真上に向けます。

右手はギヤン・ムードラにし、膝の上にのせ、肘を伸ばします。

この姿勢で右鼻だけで4秒かけて息を吸い、8秒かけて息を吐きます。

(4)　交互呼吸

右手親指で右鼻の側面を抑え、左鼻から４秒かけて息を吸う。次に右手小指で左鼻を抑え、右鼻から親指を離し、右鼻から８秒かけて息を吐く。これを１～３分繰り返す。

吸うときには、右鼻から眉間を通って背筋を伝い尾てい骨まで気が流れていくイメージで、吐くときには尾てい骨から背筋を伝って眉間を通り右鼻から抜けていくイメージで行ないます。

1～3分行ないます。

最後にその姿勢のまま、吸ムル・バンダ↓吐ムル・バンダを1回ずつ行ないます。

(4) 交互呼吸

まず、右手親指で右鼻の側面を抑え、左鼻から４秒かけて息を吸います。

吐くときは、右手小指で左鼻の側面を抑えます。左鼻を抑えたら、右鼻から親指を離し、右鼻から8秒かけて息を吐きます。

この左鼻から吸って右鼻から吐く一方通行の呼吸法を繰り返します。

左手はギヤン・ムードラにし、膝の上にのせます。

吸うときには、左鼻から眉間を通って背筋を伝い尾

(5)　火の呼吸

両手をギヤン・ムードラにし、膝の上に乗せ、肘を伸ばす。力強く、リズミカルに火の呼吸を3〜7分行なう（火の呼吸の要領は83ページ参照）。

ていい骨まで気が流れていくイメージで、吐くときには尾てい骨から背筋を伝って眉間を通り右鼻から抜けていくイメージで行ないます。

1〜3分行ないます。

左手を使い、右鼻から吸って左鼻から吐く、という逆のパターンも同様に行ないます。

最後にその姿勢のまま、吸ムル・バンダ→吐ムル・バンダを1回ずつ行ないます。

(5) 火の呼吸

両手をギヤン・ムードラにし、膝の上に乗せ、肘は伸ばします。

力強く、そしてリズミカルに火の呼吸を3〜7分行ないます。

終わったら自然呼吸に切り替え、臍下丹田の活性化や体内のエネルギーの流れを感じとります（1〜2分）。

最後にその姿勢のまま、吸ムル・バンダ→吐ムル・バンダを1回ずつ行ないます。

(6) サット・ナム・メディテーション（入門バージョン）

そのままの姿勢で入門バージョンのサット・ナム・メディテーションをを行います（3〜11分）。

このメディテーションは、クンダリーニヨガの基本的なマントラ（真言）である「Sat Nam（サット・ナム）」を使用します。

深く息を吸い、「SAAT（サー）」と体内を振動させるようにマントラを唱えながら各チャクラに対応する筋肉を1番目のチャクラから順に5番目のチャクラまで引き締めていき、6番目から8番目にかけては意識を集中させます。

同時に尾てい骨からスシュムナ（背筋）を伝って頭頂までエネルギーが上昇していくイメージをします。

頭頂までエネルギーが上昇したならば、「Nam（ナム）」と唱えながら全てのロックを解放し、8番目のチャクラであるオーラ（頭上）に向かってエネルギーが放出されるイメージをします。

その後、また大きく息を吸い、「Sat Nam」のマントラと、身体のロック、エネルギー上昇イメージをうまく同調させながら繰り返し行います。

〈各チャクラに対応する筋肉〉

1番目のチャクラ…肛門、2番目のチャクラ…生殖器、3番目のチャクラ…おへそ、4番目のチャクラ…横隔膜、5番目のチャクラ…喉、6番目のチャクラ…眉間（集中のみ）、7番目のチャクラ…頭頂部（集中のみ）、8番目のチャクラ…頭上（集中のみ）

「入門ヨガ」は、イダ、ピンガラ、スシュムナを中心にナーディの流れを促し、感情のバランスを整えてくれます。

また、クンダリーニヨガの基本テクニックである腹式呼吸、火の呼吸、バンダもマスターすることができ、本格的なクンダリーニヨガの準備的なヨガとして大変優れたセット・メニューです。

通常、40日間行い、その後、本格的なクンダリーニヨガのセット・メニューに移っていきます。

5　メンタル強化ヨガ―本格的なセット・メニューで全身のエネルギーを高める

本書でヨガを行なう最大の目的は強靭な肉体と精神の獲得です。ここからはいよいよ本格的なセット・メニューで心身の強化をはかっていきましょう。

肉体的にハードなものも出てきますが、それは3章でも触れましたように「我慢系ストレス」を克服していくという目的が含み持たれています。すなわち、肉体的に多少きつくともそれにとらわれず放っておき、「今」に集中するのです。ここで養われるものは、辛い環境下でもものともせず、なすべきことに集中出来てしまうメンタリティにそのまま直結します。そして同時に、もちろん肉体的な効果も大きなものです。

肉体的にしんどそうなこと（身体的ストレス）を避けるようになって久しい、という方などはとくにこの機に、取り組んでみて下さい。

【効果】

・肉体への効果：全身の筋力、スタミナの向上

・精神への効果：ストレス状況下でも「今」に集中できるようになり、不安が低減する。

(1)　セラバンダンダ・クリヤ

① 両手、両足を肩幅に開き、手のひらとかかとを床につけ、腰を頂点とするトライアングル・ポーズを作る。

・気への効果：クンダリーニが活性化、上昇することで、全身のエネルギーが高まる。

(1)　セラバンダンダ・クリヤ（ヨガ式プッシュアップ）

① 両手、両足をそれぞれ肩幅に開き、手のひらとかかとを床につけ、腰を頂点とするトライアングル・ポーズを作ります。

このエクササイズを行なっている間、両手両足の位置は常に一定に保ちます。動作中は、目は開けても閉じてもどちらでも構いません。開けて行なう場合は、鼻の先端を見つめ、トライアングル・ポーズの時だけおへそを見つめるようにします。

② トライアングル・ポーズを維持したまま肘だけを後方に曲げ、あごまたは鼻を床につけます。動作の始動と共に息を吸い、動作の完了と共に息を吐きます。

② トライアングル・ポーズを維持したまま肘だけを後方に曲げ、あごまたは鼻を床につける。

③ 息を吸いながら腰を反らしてコブラのポーズになり、息を吐く。両腕、両足をまっすぐに保ち、太ももは床から離す。

④ 息を吸いながら腰を上げ、トライアングル・ポーズに移行し、息を吐きながらかかとを床につける。

③　息を吸いながら腰を反らし、コブラのポーズになり、息を吐きます。両腕、両足をまっすぐに保ち、太ももは床から離します。

④　息を吸いながら腰を上げ、トライアングル・ポーズに移行し、息を吐きながらかかとを床につけます。

①〜④の動作を1セット26回を上限とし、体力に応じて1〜4セット繰り返します。セットの間に1、2分程リラックスを挟みます。

このエクササイズは全ての病気を治癒すると伝えられています。血管を拡張させ、血液の循環を促進させます。背骨を開くことで血液が背骨全体に流れ込み、身体の各パートに流れ込んでいきます（全身性に影響を及ぼします）。上半身の筋力も強化されます。

⑵　ストレッチ・ポーズ

仰向けになり、床から肩甲骨を浮かせるように上半身を15センチほど起こし、ジャランダーラ・バンダの要領で軽く顔全体を後方に引きます。両腕を床から浮かし、両手のひらは身体に向けます（身体には触れません）。両足をそろえ、つま先を伸ばし、床から15センチほど上げます。視線は足の親指に向けます。目の高さと足の親指が同じ高さになるようにします。臍下丹田に意識を向け、火の呼吸を1〜3分行ないます。

最後にその姿勢のまま、吸ムル・バンダ↓吐ムル・バンダを1回ずつ行なう。

終わったらシャヴァ・アーサナになり、自然呼吸にし、臍下丹田の活性化を感じ取ります（1〜2分）。

(2) ストレッチ・ポーズ

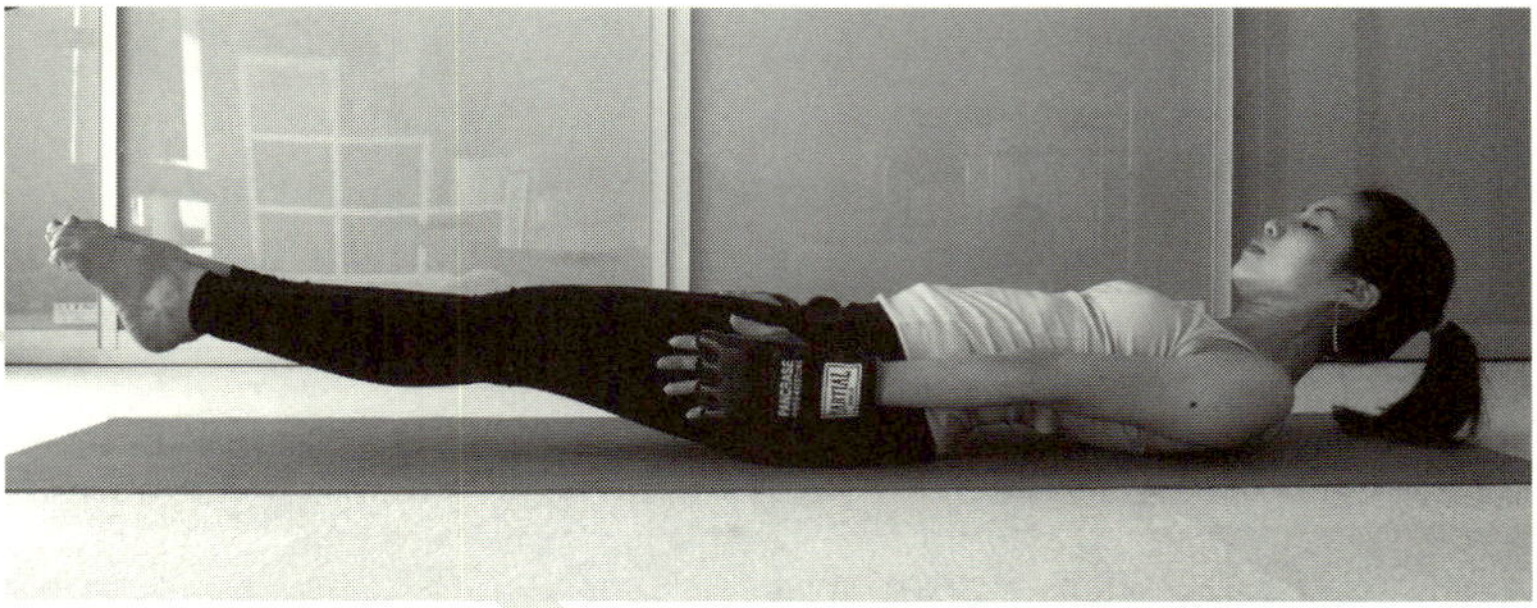

仰向けになり、床から肩甲骨を浮かせるように上半身を15センチほど起こし、ジャランダーラ・バンダの要領で軽く顔全体を後方に引く。両腕を床から浮かし、両手のひらを身体に向ける（身体には触れない）。両足をそろえ、つま先を伸ばし、床から15センチほど上げる。視線は足の親指に向ける。目の高さと足の親指が同じ高さになるようにし、臍下丹田に意識を向け、火の呼吸を1～3分行なう。
最後にその姿勢のまま、吸ムル・バンダ→吐ムル・バンダを1回ずつ行なう。

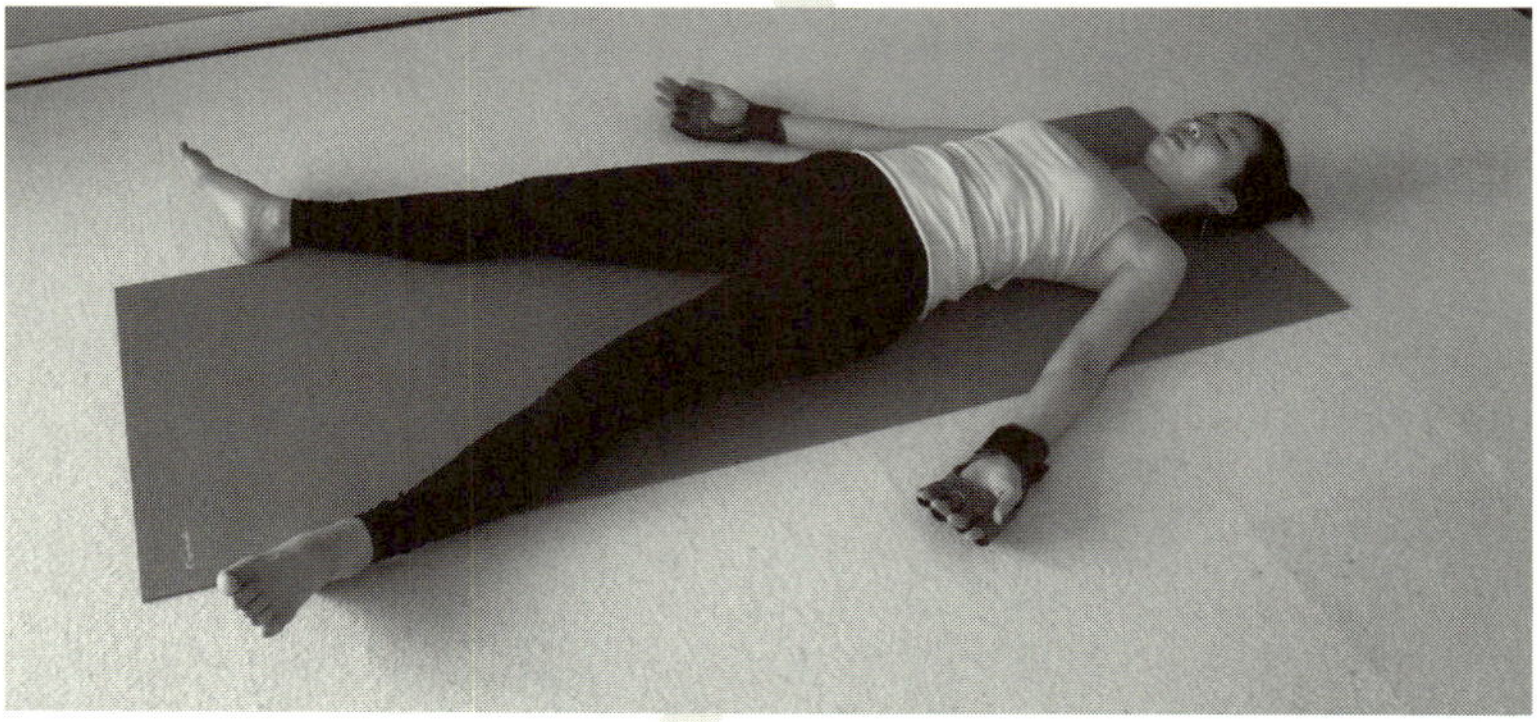

終わったらシャヴァ・アーサナになり、自然呼吸にして臍下丹田の活性化を感じ取る（1～2分）。

(3) アーチャー・ポーズ

左足を 60 センチほど前に出し、つま先が見えなくなるまで前足の膝を曲げる。後足はまっすぐ伸ばし、前足に対してつま先を 45 度外に向ける。左腕を前に伸ばし、弓をつかんでいるかのように握り拳を作り、親指を立てる。

右腕は弓を引くように後ろに引き、同様に握り拳を作り親指を立てる。左拳と右肘が一直線になるように高さを調整する。身体を半身にし、顔だけを前方に向け、左手の親指を凝視する。

正中線に意識を向け、火の呼吸を１～３分行なう。

最後に左足に体重をかけながら、吸ムル・バンダ→吐ムル・バンダを１回ずつ行なう。

終わったら休みを挟まず、かかとを中心に身体を反転させ、右足、右腕が前になるようにし、反対側も同様に行なう。

最後に右足に体重をかけながら、吸ムル・バンダ→吐ムル・バンダを１回ずつ行なう。


左右終わったらシャヴァ・アーサナになり、自然呼吸にして正中線の活性化を感じ取る（１～２分）。

このエクササイズは、クンダリーニヨガの数あるエクササイズの中で最も重要なものです。臍下丹田のパワーを強烈に高めてくれます。

⑶　アーチャー・ポーズ

まず左足を60センチほど前に出し、つま先が見えなくなるまで前足の膝を曲げます（重心比率＝前足7割：後足3割）。

後足はまっすぐ伸ばし、前足に対し、つま先を45度外側に向けます。

左腕を前に伸ばし、弓をつかんでいるかのように握り拳を作り、親指を立てます。

右腕は弓を引くように後ろに引き、同様に握り拳を作り、親指を立てます。左拳と右肘が一直線になるように高さを調整します。身体を半身にし、顔だけを前方に向け、左手の親指を凝視します。

正中線に意識を向け、火の呼吸を1～3分行ないます。

最後に左足に体重をかけながら、吸ムル・バンダ↓吐ムル・バンダを1回ずつ行なう。

終わったら休みを挟まず、かかとを中心に身体を反転させ、右足、右腕が前になるようにします。右側でも同様に正中線に意識を向け、火の呼吸を1～3分行ないます。

最後に右足に体重をかけながら、吸ムル・バンダ↓吐ムル・バンダを1回ずつ行ないます。

左右終わったらシャヴァ・アーサナになり、自然呼吸にし、正中線の活性化を感じ取ります（1～2分）。

このエクササイズは、1～8番目のチャクラ全てを短時間で活性化し、全身のエネルギー量を高めてく

⑶　フロッグ・ポーズ

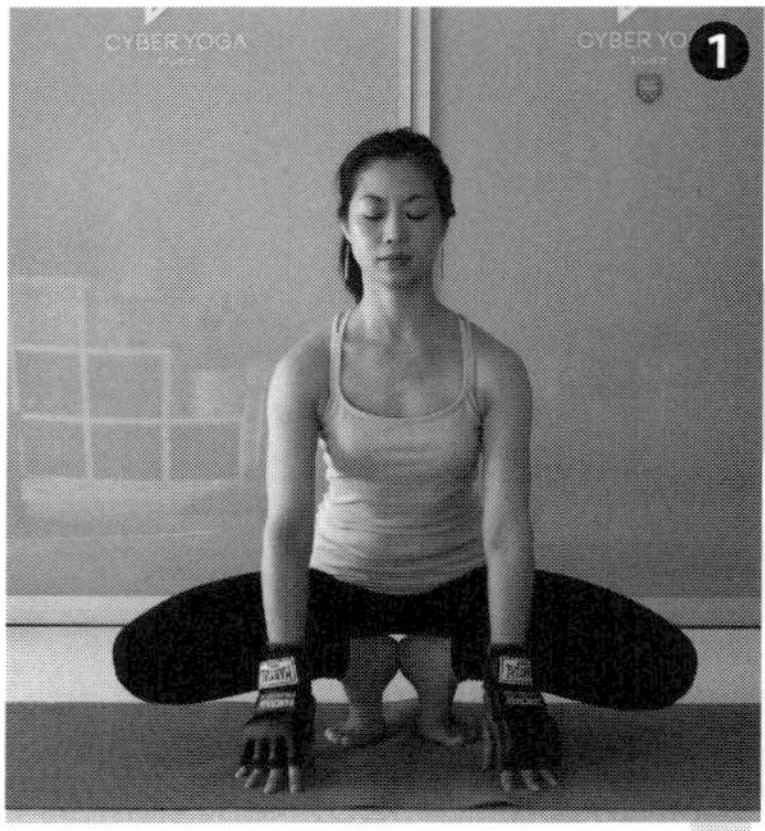

①　左右のかかとをくっつけ、床から浮かし、つま先を外側に向ける。骨盤がかかとに近づくように腰を下ろす。両手を両足の前約 30 センチ前方に置き、指先を床につけ、両腕が両膝の間に収まるようにする。

②　息を吸いながら両足を伸ばしてお尻を上げ、額が両膝に近づくようにする。その状態から力強く息を吐きながら身体を落下させるようなイメージで元の状態に戻る。かかとは常に床から浮かせておく。

れます。

(4) フロッグ・ポーズ（ヨガ式スクワット）

① 左右のかかとをくっつけ、床から浮かし、つま先は外側に向けます。骨盤がかかとに近づくように腰を下ろします。両手を両足の約30センチ前方に置き、指先を床につけ、両腕が両膝の間に収まるようにします。

目を閉じ、顔を正面に向け、上体はなるべくまっすぐに保ちます。まずはこの状態をしっかりキープします。

このエクササイズを行っている間、両手両足の位置は常に一定に保ちます。

② 息を吸いながら両足を伸ばしてお尻を上げ、額が両膝に近づくようにします。その状態から力強く息を吐きながら身体を落下させるようなイメージで元の状態に戻ります。かかとは常に床から浮かせておきます。

座った時に尾てい骨から上半身に向かってエネルギーが上昇してくるイメージをします。

終わったらシャヴァ・アーサナになり、自然呼吸にし、尾てい骨から上昇するエネルギーの流れを感じ取ります（1～2分）。

26回からスタートし、体力に応じて52回、108回と回数を増やしていきます（1呼吸で1カウント）。

(5)　サット・クリヤ

正座になり、目を閉じ、男性は右手の親指が上になるように、女性は左手の親指が上になるように指を組み（ヴィーナス・ロック）、人差し指だけピンと伸ばす。

フロッグ・ポーズは、排泄、創造、精力、そして心身の健康をつかさどる下方の３つのチャクラを刺激します。このエクササイズを行なうことで下方から上方のチャクラへとエネルギーが流れていきます。下半身の筋力も強化されます。

(5)　サット・クリヤ

正座になり、目を閉じ、男性は右手の親指が上になるように、女性は左手の親指が上になるように指を組み（ヴィーナス・ロック）、人差し指だけピンと伸ばし、両腕を頭上にまっすぐ伸ばします。

「Sat（サット）」の発声とともに臍下丹田を強く引き、尾てい骨から頭頂に向かってエネルギーが上昇し、「Nam（ナム）」の発声とともに頭上（オーラ）にエネルギーが放出されるイメージをします（３分）。

40日間行なった後は、体力に応じて、より効果の高い合掌バージョン（プレイヤー・ムードラ）で行

「Sat（サット）」の発声とともに臍下丹田を強く引き、尾てい骨から頭頂にエネルギーが上昇し、「Nam（ナム）」の発声とともに頭上（オーラ）にエネルギーが放出されるイメージをする。
10秒に8回のペースで「Sat Nam」のマントラを唱える。終わりに吸ムル・バンダとマハ・バンダを1回ずつ行なう。

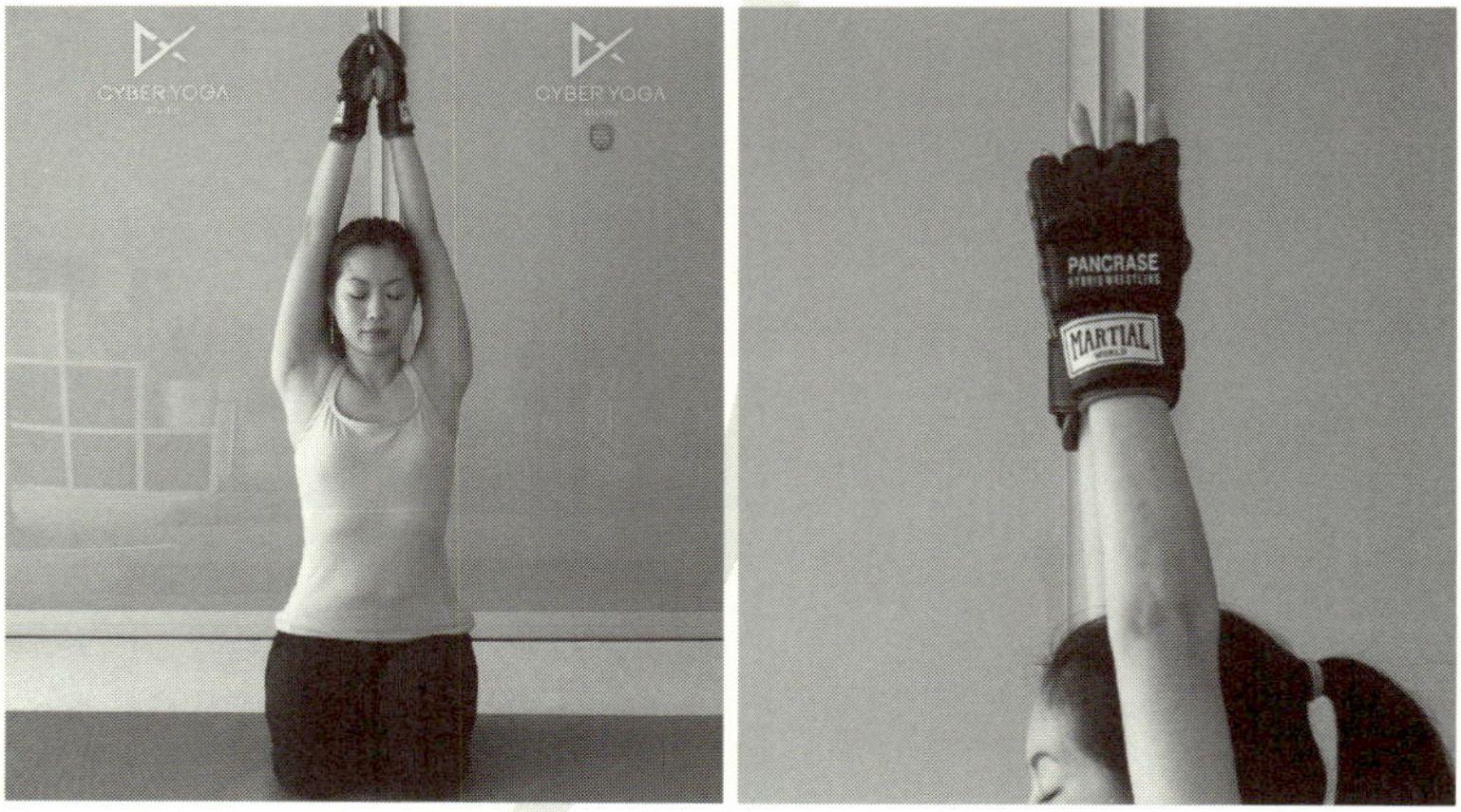

40日間行なった後は、体力に応じてより効果の高い合掌バージョン（プレイヤー・ムードラ）で行なう（5分）。

サット・クリヤ後のリラックス・ポーズ「グル・プラーナム」

サット・クリヤの後は、正座のまま額を床につけ、合掌し、両腕を前方に伸ばし、前腕を床につける。
自然呼吸にし、尾てい骨から６番目（眉間）、７番目（頭頂）のチャクラにエネルギーが流れ込んでいくのを感じ取る。
サット・クリヤを行なった時間と同時間、もしくは倍の時間行なう。

ないます（5分）。

10秒で8回のペースで「Sat Nam」のマントラを唱えます。

終わりに吸ムル・バンダとマハ・バンダを1回ずつ行ないます。

行なった後は行なった時間分リラックスします。もしくは倍の時間リラックスしてもけっこうです。


【サット・クリヤ後のリラックス・ポーズ「グル・プラーナム」】

サット・クリヤの後は、正座のまま額を床につけ、合掌し、両腕を前方に伸ばし、前腕は床につけます。

自然呼吸にし、尾てい骨から6番目（眉間）、7番目（頭頂）のチャクラにエネルギーが流れ込んでいくのを感じ取ります。

3分行なった場合は3分、5分行なった場合は5分、もしくはそれぞれの倍の時間行ないます。

このクリヤ（複合的技法）は、クンダリーニヨガの中で最も重要なクリヤです。リズミカルなマントラとおへその引き締めにより、クンダリーニが直接そのメッセージを受け取り、クンダリーニの流れが促進されると伝えられています。性エネルギーに関わる下方のチャクラも活性化されます。

どのポーズもハードですが、実践中は、チャクラの活性化を感じて「今」に集中します。心身への負荷がかかるようなストレス状況下でも「今」に集中するトレーニングを積むことで実践的なマインドフルネス・トレーニングになります。

6

— 第6章 —

ヨガを武道へ応用する

1　ヨガ呼吸と武道呼吸

第1章でも記しましたように、私は武道呼吸という独特の呼吸法の源流はヨガに行き着くとは思いますが、禅道会の稽古体系の中で、それはすでに完成されているものだと思っています。しかしながら、生活文化が変化するにつれ、もはやかつてのようには臍下丹田の強化や基礎呼吸力向上ができなくなってしまっています。そんな現代だからこそ、どの競技にも基礎体力が必要なことと同じように、ブレステクニックが全体の八割を占める武道においても、基礎呼吸力を高めることは本当に大事だと思います。

基礎体力をその競技に必要な特有の専門体力に進化させることと同様に、基礎呼吸力を武道に必要な専門呼吸に進化させなければならない、という大前提はありますが、基礎呼吸力の向上は武道のみならず、競技、生活、健康など様々な分野に応用可能なものであり、ストレスの多い現代社会においてはより一層、役立つことが沢山あると思います。

熟練すれば、呼吸一つで自律神経や心拍、体温などのいわゆる生理現象もある程度、意識的に変化させることが可能です。これは、身体の大部分が普段は無意識的にしかコントロールできていないことを意味しています。

私は、この呼吸の熟練による心身のコントロールをとても重要視しています。心身の生理現象のコントロールはすなわち心のコントロールの入り口だと考えています。

このストレス社会の中、ストレスでお悩みの方も沢山いらっしゃると思います。

ストレス多き日常の中で、武道の試合は恐怖心、プレッシャーと様々な強度のストレッサーにさらされ

る局面に遭遇せざるを得ません。その時の心身のコントロールを体得していくことは、日常生活を歩む読者の皆さんにとっても、素晴らしい恵みを与えてくれるものと信じています。

ヨガ呼吸と武道呼吸の違いは大きく言って2つあります。

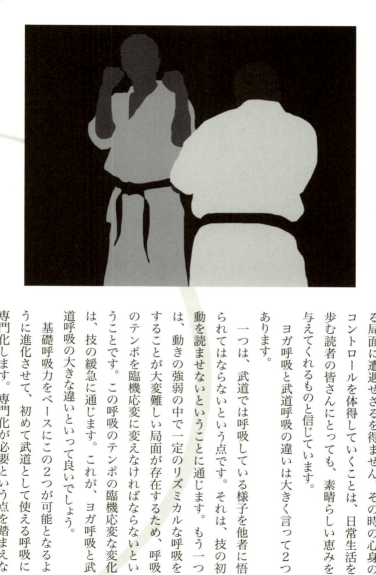

一つは、武道では呼吸している様子を他者に悟られてはならないという点です。それは、技の初動を読ませないということに通じます。もう一つは、動きの強弱の中で一定のリズミカルな呼吸をすることが大変難しい局面が存在するため、呼吸のテンポを臨機応変に変えなければならないということです。この呼吸のテンポの臨機応変な変化は、技の緩急に通じます。これが、ヨガ呼吸と武道呼吸の大きな違いといって良いでしょう。

基礎呼吸力をベースにこの2つが可能となるように進化させて、初めて武道として使える呼吸に専門化します。専門化が必要という点を踏まえなければなりませんが、基礎がなければその先もないのは何においても同じ。ヨガ呼吸を基礎呼吸力の鍛錬と位置づけて取り組むことは、武道にとっても大変有益なことだと思います。

実際、ヨガで養われる身体性は、直接的に武道の質を向上させるものばかりです。

本章では、私が実際にエクササイズで行なっているヨガ呼吸をどのように武道に応用していくかを解説していこうと思います。

2 火の呼吸　ヨガの座法（座り方）と正中線の獲得

クンダリーニヨガの基本でもある火の呼吸を正しく行なうことにより、会陰、臍下丹田、そして臍下丹田の熱を感じ取る眉間の6番目のチャクラと頭頂の7番目のチャクラを一直線で結び、臍下丹田を中心とした正中線を獲得できるようになります。これは普段禅道会で指導している「頭のてっぺんからまっすぐに降りてきた位置（会陰）を意識する」ということに共通しています。

全ての運動はまずこの正中線に体軸を合わせニュートラルな状態を作ることにより、安定した体バランス、そして移動時の前後左右のスムースな重心移動、また技を発するときの回転運動の基軸となります。具体的には、武道における正座、不動立ち、組手構え、こういった状態における安定感が変わってくるのです。

また第3の目と称され、直感と関わる6番目のチャクラが活性化することにより、体感覚が優れてきます。打撃時の間合い、空間感覚が精確になるし、組技時の接触した部分で相手の動きや重心位置を読むことが

火の呼吸の基本姿勢。頭から臍下丹田〜会陰に至るまでが真直ぐに意識され、それはそのまま正中線の確立に直結する。

正中線の確立がまず如実に自覚されるのが、不動立ち、正座など何気ない体勢での安定感だ。

できるようになるので、状況に応じた的確な技の選択から相手に攻撃をし、また防御もできる能力が発達してきます。
かの400戦無敗のヒクソン・グレイシーが火の呼吸をトレーニングに組み込んでいるのは有名な話ですが、絶対に返されないあのマウント・ポジションは、火の呼吸で臍下丹田に重心を置き、正中線が鍛えられているからでしょう。また、一瞬で仕留める電光石火のようなチョークスリーパーや腕ひしぎ十字固めを極められるのは、相手の動きを察知する第3の目が発達しているからに違いありません。
相手の重心状態や動きを精確にとらえることは、自分自身が不安定な状態では到底かないません。武道における安定は、足で踏ん張ったりしても得られません。内面からもたらされる安定でなければならないのです。それには、何と言っても姿勢が大切です。それも、外見的にどうこうより先に、真の意味で正中線が確立されていれば、その安定感は〝組手構え〟においても現れる。構えの安定は、瞬時にどの方向にでも動けることを意味している。

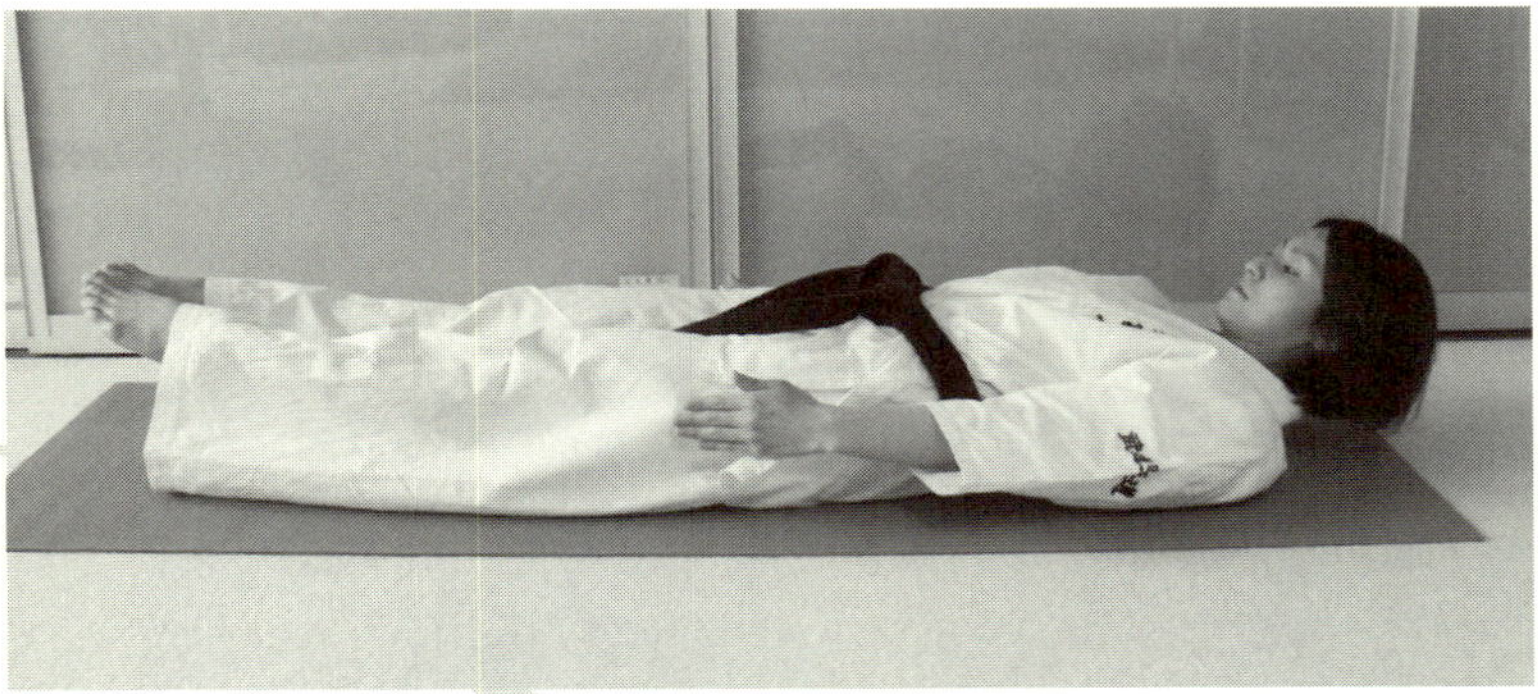

寝た状態から足と肩甲骨を浮かせて火の呼吸を行なう「ストレッチ・ポーズ」。体の連結を鍛え、臍下丹田意識をさらに強化する。

自分自身の体感覚的な実感こそが重要です。

この呼吸法によりもたらされるものは、まずは姿勢の大切さの会得だと思います。

3　ストレッチ・ポーズ　技の発力、インパクト時の強化

座っての火の呼吸をさらにパワフルにする「ストレッチ・ポーズ」は、仰向けに寝た状態から足と肩甲骨から首を上げた状態で火の呼吸をすることにより、体の連結を鍛え、臍下丹田意識をさらに強化することができます。

横隔膜、大腰筋、骨盤底筋群と言われる姿勢を維持する抗重力筋の鍛錬には最適で、ここを強化することにより体の一体感を感じ取りながら技を発することができるようになります。

右ストレートや回し蹴りの発射時、左ジャブや前蹴りのような作用反作用に強い技などの威力が上がっていくことを体感できるでしょう。K―1で活躍したブアカーオ選手などは長い間のムエタイのトレーニングでこのインナーマッスルが

横隔膜、大腰筋、骨盤底筋といったインナーマッスルが鍛え上げられることによって、右ストレートの威力は格段に上がる。

〝弓を射る〟形の「アーチャー・ポーズ」は、体幹部の伸筋群をフル活用した状顔で火の呼吸を行なうもの。

鍛えられているのだと思います。構えを見ると立ったままの状態で美しいストレッチ・ポーズを取っているようです。

このポーズは最も大切なポーズで、飛躍的な基礎呼吸力の向上、体幹部の一体化、その一体化により全身のエネルギーがどちらの方向にも伝えることができると同時に、受けにまわった時に大変崩れ難い身体の養成にも繋がります。

4　アーチャー・ポーズ　張力、胸と腹の張り、股関節の外旋

文字通り弓を射るポーズの「アーチャー・ポーズ」は、前屈立ちのような状態から股関節を外旋させ骨盤を横に向け、肩甲骨を寄せ、体幹部の伸筋群をフル活用した状態で火の呼吸をすることにより、ちょうど前項で記した技を発する前に瞬間的に体を張る力を養うことになります。この姿勢で肛門

「アーチャー・ポーズ」で養われた伸筋主導からの瞬発的な〝締め〟は、回し蹴りにおける上半身の体動を強力に向上させ、蹴りの威力を増大させる。

を締める、骨盤底筋群を効かせることは難しいのですがこれができるようになると、この後の発力がさらに威力を増します。ちょうど回し蹴りで発射する足を振り上げる前の上体をリードする時や、投げ技で引き手、釣り手を取っている状態です。バックから襟絞めを極める時もこの姿勢での呼吸力が大切です。

　また、組み手の時の構えの向上、構えた時の体幹操作、相手に悟られない呼吸を身につけるためにも基礎的に必要なポーズです。

5　フロッグ・ポーズ　ヨガ式スクワット　脱力、膝の抜き、抜重

　フロッグ・ポーズはヨガ式スクワットとも言えるエクササイズですが、通常のスクワットと違って、臀部をあげる時に呼気を合わせるのではなく、臀部を下ろす時に呼気を合わせます。技の起こりの際に、地面を蹴ったりバネを効かせるのではなく、膝の抜き、脱力、自然落下を利用して技の起こりにすることにより、相手の反射機能を刺激させずに必倒の間合いに入り、技を仕掛ける事ができるようになるための基礎ポーズです。

　突き蹴りの際のステップ・イン、投げ技の踏み込み時の抜重、タックルの入りの瞬間的な沈みなど最たるものです。入りのスピードもこちらの方が早いし、随意筋をあまり使わないため、相手は反射できずに技をもらうことになり、気がつけば天井が見えている状態になります。剣道や合気道で袴を履くのはこの膝の使い方を相手に見せないためだとも言われているくらい武道において大切な技術です。この習得に適した補強運動とも言えるでしょう。

ヨガ式スクワットとも言われる「フロッグ・ポーズ」は脚の筋トレではなく、〝抜き〟や〝落下〟を利用する。

「フロッグ・ポーズ」の操法からは、蹴りの際のステップ・インなど、相手に反応させない瞬間的な技の入りの感覚が養われる。

フロッグ・ポーズはヨガ式スクワットと言われておりますが、決して下半身を強化するものではありません。

特にこのポーズの効果は、実際のインステップに比べると随分間延びするので、武道呼吸の習得が大前提になるということを明記しておきます。

6　バンダ呼吸（ムル・バンダ、ウッディヤーナ・バンダ、マハ・バンダ）呼吸力の養成、丹田を釣る感覚

各種ポーズの最後に行うバンダ呼吸は、臍下丹田と肛門、生殖器を寄せるように下腹を締め付ける呼吸法です。これにより正中線意識をさらに高めることができ、技の起こりに発する爆発的な呼吸力の養成となります。空手には息吹き呼吸というものがありますが、この呼吸法とバンダはまさしく共通するもので、横隔膜、大腰筋、骨盤底筋群、さらにアウターマッスルである腹直筋、脊柱起立筋までフルに鍛え体幹部を練ることができます。

ステップ・インの時の肛門を締め丹田を釣る感覚、技を発する時の呼吸力、この感覚を養うにはふさわしい基礎呼吸力トレーニングと言えるでしょう。

これは正に息吹呼吸の基礎呼吸力養成呼吸と言えます。

相手に悟られない呼吸、技の緩急などの上達にも大変効果があります。

7　リラックスヨガ　シャヴァ・アーサナ、瞑想、肌感覚、身体感覚の向上

「リラックスヨガ」では、ストレッチ系のポーズでその体を伸ばした部分に意識を集中させ、その後にリラックスを行なう。ポーズを行なう前、行なっている最中、行なった後、という3つの状態変化を感じ取る中でより繊細な皮膚感覚、内部感覚が養われる。

ハタヨガに代表されるような、リラックスした状態でのストレッチ系のヨガは、自然呼吸の中で静かに体の伸ばした部分に集中し、終わった後でシャヴァ・アーサナ（屍のポーズ）で眉間の部分で伸ばした部分の余韻を追っていくことにより、より繊細な皮膚感覚、内部意識を養う。

これは禅道会発足以前から行なっていた、横隔膜を下げてのストレッチを重要視することにより、身体感覚を高め、気の流れを意識する、ということと全く同じ理論です。

また火の呼吸が終わった後、シャヴァ・アーサナで瞑想をする中で臍下丹田の熱を感じることにより、さらに内部感覚を養えます。

この内部感覚が鋭い人間ほど組技が上手く、相手の力の流れや重心移動を繊細に感じ取り、力に逆わらず相手を押さえ込み技を極めることができるのです。日本人が古くから持っていた繊

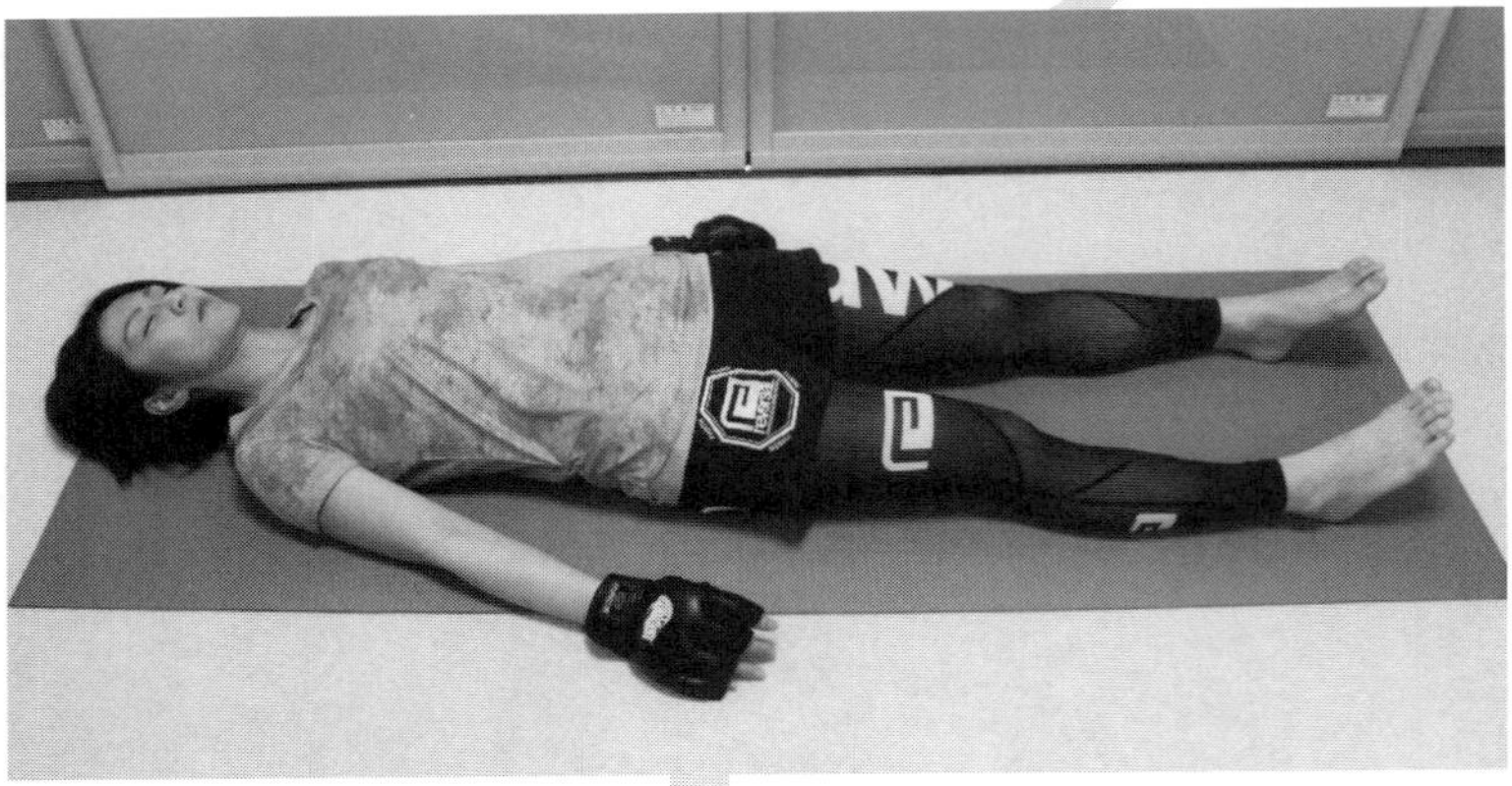

リラックス・ポーズの一つ「シャヴァ・アーサナ」。単に休んでいるのではなく、体感覚を研ぎ澄ませていくプロセスだ。

細な手技の技術もこういった丹田感覚があったからなのでしょう。

また、第1章にも記しましたように、呼吸の癖の改善、それに伴う自律神経の正常化が期待され、エクササイズによっては、呼吸と心肺の動きの一体化にアプローチできます。

私の場合は、座法による5秒で吸い、5秒で吐く。という呼吸法と、4秒で吸い、8秒で吐く。という呼吸法を実践するとともに、シャヴァ・アーサナでの自然呼吸も実践しています。これは心身のコンディションを高めるのにとても有効であると思います。

武道の稽古の最後には必ず黙想をし臍下丹田を意識します。自らを内観する文化の起因もヨガの瞑想にあるのでしょう。

8　セラバンダンダ・クリヤ

ヨガ技法に入る前に準備運動として行なわれるこのエ

ヨガ式プッシュアップとも言われる「セラバンダンダ・クリヤ」は、単なる腕立て伏せではなく、骨盤・股関節の動きと呼吸力を同調させ、身体中にエネルギーを充満させるという目的がある。

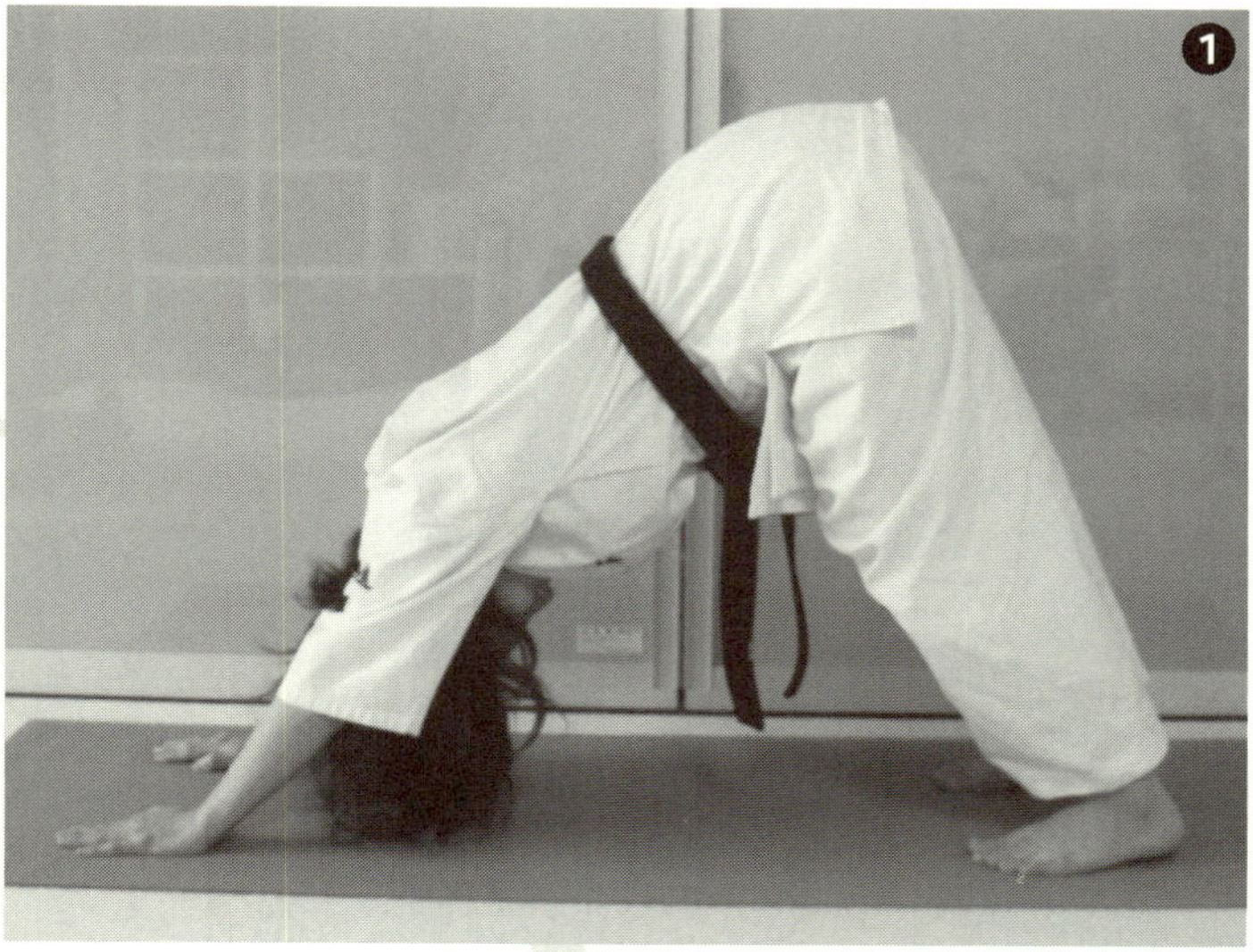

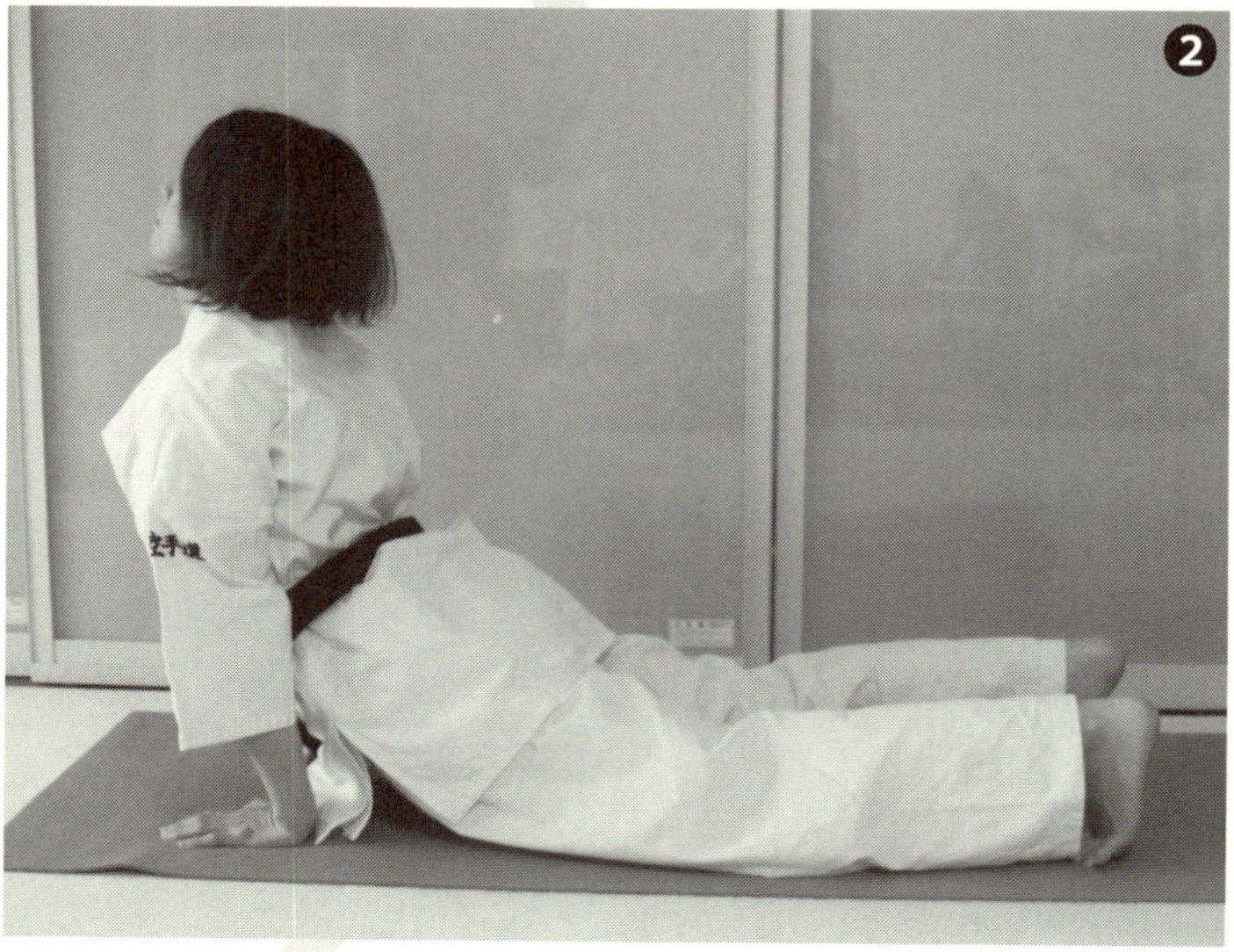

クササイズはヨガ式プッシュアップとも呼ばれるものですが、最初に見た時とても懐かしい気がしました。それはかつてテレビで見た、プロレスラーが行なうすりあげ式の腕立て伏せにそっくりだったからです。それもそのはずで、すりあげ式の腕立て伏せの正式名称はヒンズープッシュアップ。おなじくプロレスラーが行なうヒンズースクワットとともにヒンズー文化インド文化から発生したエクササイズだったのです。そう、まさしく格闘技の原点の一つとして5000年前に発祥したクンダリーニヨガが影響を与えているということなのだと思います。しかし長年の歴史の中で真の意味合いが誤伝してしまってただの補強運動になってしまった。

本来は、身体運動の要である骨盤、股関節の動きと呼吸力を同調させ身体中にエネルギーを充満させる、という目的が秘められています。そしてこの運動を繰り返し行なうことで、肉体的に苦痛になっても放っておき〝今〟に集中するマインドフルネス・トレーニングでもあったのです。

先日空手道禅道会の指導者合宿で、かつて某フルコンタクト空手道場で同門だった元プロレスラーの宮戸優光氏にキャッチ・アズ・キャッチ・キャンというイギリスの伝統的なレスリングのセミナーを開いてもらいました。

そのときにヒンズープッシュアップ、ヒンズースクワットの本当の意味合いは、筋力トレーニングではなく動く禅であり、何百回、何千回と繰り返し呼吸と動きに集中することで心の正中線を維持するために行なう、とのことを語っていました。かつて共に汗を流した友が、空手の道、プロレスの道という別々の道を歩きながら30年ぶりに再会して同じことを語っている様子を見たとき、格闘技の本質を垣間見れた気がしました。

9 〝集中する〟ってどういうこと？

さて、それでは皆さん、心身のコントロールを経て会得できる、集中力とはどんなものでしょうか？

普通、集中と言うと何か一点のことに心がフォーカスしている状態と考える方が多いかもしれません。これは実は武道で言うところの集中ではありません。

人間の大脳は、３歳で80パーセント、６歳で90パーセント、12歳で１００パーセント完成され、後は使い方のみでそれ以上は発達しないと言われています。

また第一章にも記しましたが、三つ子の魂百までも、と言われるように1歳〜3歳までの爆発的な脳の膨張期に、脳の自動学習する習慣を利用して、膨大な学習をしますが、私達はそのことをほとんど覚えていません。しかし、その時の学習経験は私達の呼吸をはじめとした、感性や理性、考え方、モラル、美意識、興味の対象などなど、現在進行形で強い影響を与えています。このことは、その人固有の条件として私達の身体の生理現象にも大きく影響を及ぼしていて、中には心身の健康を損なったり、異常愛や異常な性癖、反社会的な行動をも生み出す、源にもなっています。

そして、私達の持つ世界観は、そのように自動学習したレンズを通して外の世界を見つめていて、自動的にフォーカスする対象を決めて物事を認知している、といっても過言ではありません。

人は、網膜に映っているもの全てを見ているわけではありません。自動学習した何らかの原体験が、フォーカスする対象を決め、それ以外のものは、実は網膜に映っていても、見えていないのです。また、聞こえ

ているはずの音の意味も、フォーカスしている事以外は、鼓膜はとらえていても、認識されないのです。

一般にはフォーカスをする点を一点にして、そこへ凸レンズのように意識を集中することを、心の集中ととらえている方が多いかもしれません。

このような状態は当然、自分の外にある世界の全体を感じ取っていることにはなりません。

本来の集中とは、自分の肉眼ではないもう1つの目を持ち、フォーカスする点を捨てきって、脳の自動学習するスイッチを切り、世界全体を感じ取る状態を指します。

このような集中により、五感はより研ぎ澄まされ、第三の目も徐々に養成されていくのでしょう。

私達の主観に縛られた世界観が、自分達の心身のバランスを崩し、また他人との不調和をつくり、相互尊重（礼の精神）を損なっているとしたら、どうでしょう？

人の数だけ、違う認識が存在し、まさにその認識への執着が真実だとの錯覚から、恐らくストレスも多様化しているのではないでしょうか？

武道で言うところの組手、試合などや、ヨガで言うところのカルマ業は、人との関わり、すなわちコミュニケーションを意味しています。あらゆるコミュニケーションは実は身体が基本なのです。真の集中とは、コミュニケーションと、コミュニケーションを必要としない意識集中がバランスよく行なわれないと身体を忘れてしまう事になり、意識がインフレーションし、暴走する可能性があります。

潜在意識の中にある何かの因子が、膨張しインフレーションを起こし、反社会的な個人もしくは集団が形成されたり、心の荒廃を引き起こしたりする可能性があるのです。

それらのことを考えると、特にヨガでは、それらの危険を回避できる熟練された指導者につく事が必要不可欠になるのではないでしょうか？

このような現代社会だからこそ、前記のような危険回避の点を踏まえながらも、身体感覚を研ぎ澄まし、認識や認知は過去のものだと認識し、現在そのものに焦点を合わせ、真に集中することから自分らしい自分を受け入れ、他者を尊重し、その延長線上に調和のとれた社会が育っていくのではないでしょうか。

読者の皆様におかれましては、東洋文化の叡智である、武道やヨガをその人の条件の中の関わり方で学んで頂ければ、これにすぐる幸せはありません。

マインドフルネス、現在の集中はストレスの開放でもあると思っています。

7

— 第7章 —

〝対人〟から養われるメンタリズム

1 〝対人〟がもたらしてくれるもの

第1章6項で書いたように、武道家として強さを求めるには一人稽古だけでは本当の強さは得られません。対人稽古いわゆる組手、スパーリング、試合、そこに発生する勝負ストレスという負荷をかけることにより禅というものも深いものになっていく……この章ではその部分をさらに突き詰めて一般読者のみなさまが社会生活に役立てられるよう書いていきたいと思います。

武道の本質は、〝対人〟です。すなわち、自分以外の他人と対する、ということです。もっと言ってしまえば、〝自分より強い相手〟と対することです。

かつて、武道の大本は〝殺し合い〟でした。刀を持ち合っていた訳ですから、負ければ命を落とします。戦わなければならない相手は、ほとんどの場合、初めて出会う人間でした。つまり、自分より力があるのかないのか、わからない相手です。

そんな相手を、武の世界ではすべて「自分より強い」と仮想しました。「自分より弱かろう」などと高をくくって負ければ命を落としてしまうのですから、当然です。〝自分より強い相手〟に立ち向かわなければならないから、人は武の中に〝術〟を追究したのです。自分よりも体格の大きな相手でも、力持ちな相手でも、あるいは自分より素早い相手でも、磨き抜いた〝術〟をもって勝つのです。普通にぶつかり合ったら負けてしまうような相手に勝つために、稽古をするのです。この前提は、必然的に「永遠に努力し続けなければならない」ことを意味していました。どんなに腕を磨いても、〝自分より強い相手〟に出くわす可能性があるのですから。

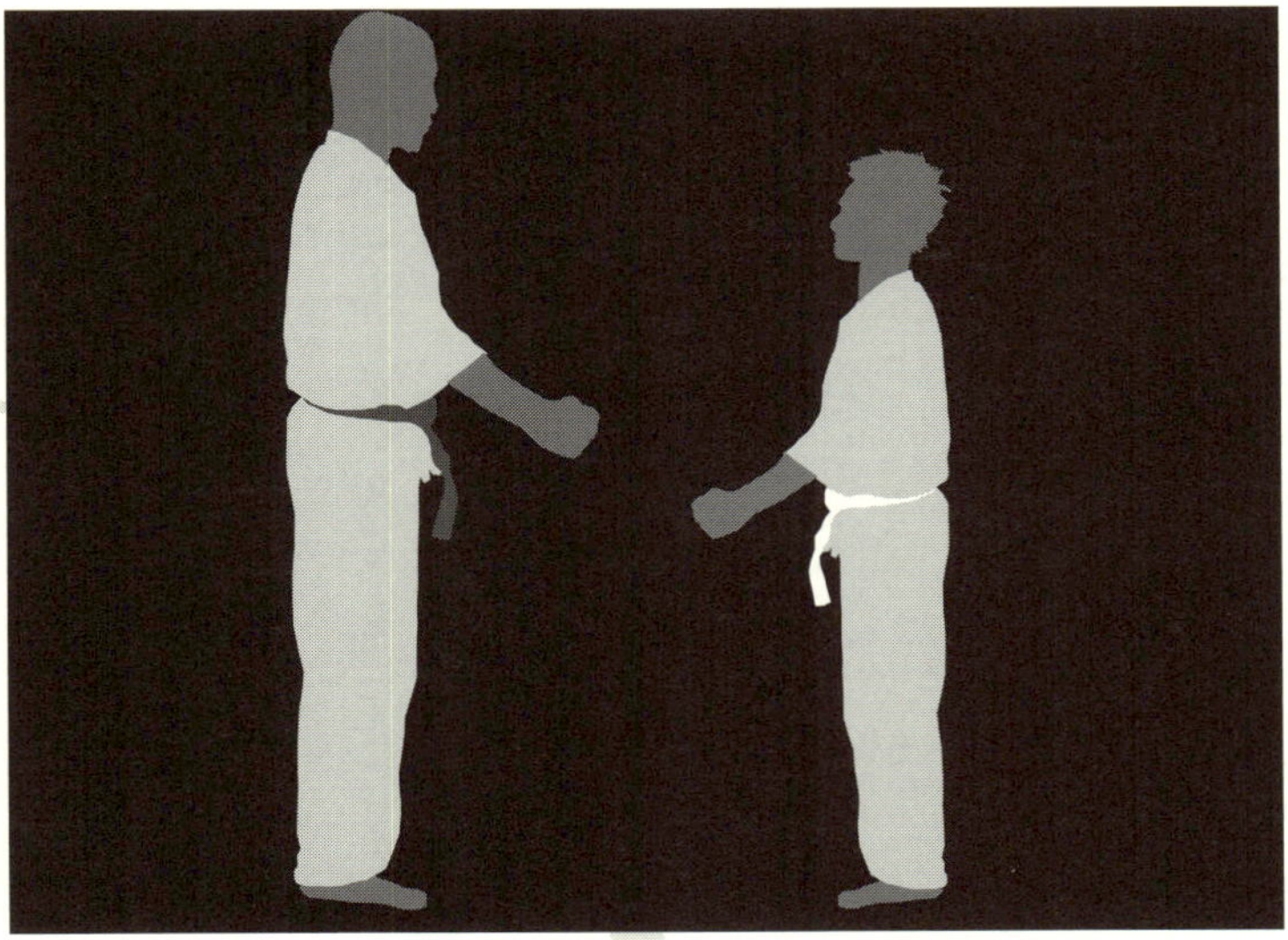

さて、急に時代は現代に戻ります。今は殺し合いの世の中でこそありませんが、実は本質的には変わらないことにお気づきですか？

「上には上がある」……ですよね。現代で当たり前に使うこの言葉は、強い弱いでない世界にも通用する言葉です。

人は自分の至らなさを知れるのは、他者が存在するからです。たとえそれが仮想の者でも、それを意識するから、努力は怠れない。自分より上であろう他者を意識するから、礼節も生まれるのです。もしあなたがこの世で最強の王様で、周りはすべて、何もかも自分より劣る、とるに足らない者ばかりだということがはっきりわかっていたら、あなたはどんな風に振る舞いますか？

いや、質問を変えましょう。

あの身のほどを知らない、傍若無人な振る舞いをする人……、あの人には、何が欠けていると思いますか？

2　武道の〝マインドフルネス〟

どんなハードな道場でも、入門していきなり自由組手はやりません。基本動作や型など、一人で動く稽古から入って、その道の基礎をまずは、身に付けます。

その期間がどれくらいかはそれぞれだとは思いますが、まあ、基礎はみっちりやった、俺はそろそろ戦えそうだ、などと思えてきたころに、めでたく先輩と相対するチャンスが訪れる訳です。

その時誰でも、どんな種類の武道でも、例外なく思い知ることがあります。

それは「思うようにはいかないもんだ」ということです。

さんざん練習してきた正拳突きで相手を打ち抜く……それは相手がそのままの構えで止まっていてくれたらの話でした。右ローで相手の意識を引きつけておいて、左ハイを決める……でも先輩は〝ああ例のヤツね〟とでも言いたげな表情でスルリとかわしてしまいました。

それは、「相手はここにとどまっているはず」「上段にスキができるはず」、と頭のどこかで思い込んでしまっていたそのどれもが独りよがりであったことに気付かされる瞬間です。

武術に〝予測〟は禁物です。それは、はずされた時にひどいことになるからです。武術ではバクチはうちません。確率論に自分の命を委ねたりはしないのです。

するとできることはただひとつ、今に集中することです。〝マインドフルネス〟な訳です。

今、自分が直面しているこの場面、この瞬間に起こることに、全神経を集中させます。すると、いいことも起こってきます。怖れや不安も薄れていくのです。

「まだ初心者だからきっと自分より強い先輩に痛い目にあわされてしまう」などと、どうしても考えてしまうものです。でも、この〝きっと〟も無意味なのです。

先に「相手は自分より強い仮想する」と述べましたように、そもそも相手は自分より強くて当然なのです。今さら怖れてどうするんですか、不安がってどうするんですかって話ですよね。

〝きっと〟の未来も無意味なら、〝先輩に比べて自分は稽古が足りてない〟という過去に思いを寄せることも無意味です。そうなるといよいよ、今に集中するしかなくなります。

実社会のストレスも、ほとんどがこれです。会社に向かう足取りが重い、そんな時あなたは、よけいな〝予測〟をしてしまっているでしょう。いやな思いをさせられてしまった過去を反すうしたりしてしまっているでしょう。

そんなことより、今に集中しましょう。

武道の〝対人〟システムは、そういうことを教えてくれるのです。

3 〝制空圏〟に踏み込め！

入門していろいろな人との稽古を繰り返していくと、いろいろなことに気付いてきます。

「いかつくて怖い顔をしたあの先輩は意外に柔らかく美しい動きをする」「のんびりした感じのあの先輩は意外に素早い」……などのように。

あなたは知らずうちに、パッと見でその人のことを〝予測〟してしまっていたのです。気をつけて下さい。武道でのそれは命取りになります。

でも、それはある意味仕方ありませんよね。実社会も、是非はともかくパッ見で判断しがちなものですから。

今、会社などでは、自分より上の世代との関係が作れない若者が増えているそうです。同世代で固まってしまう訳ですね。

気持ちはわかります。同世代なら自分のことを叱らなそうだし、話も通じやすそうですからね。では、上の世代は本当に〝おっかない〟人なんでしょうか。話が通じにくい人なんでしょうか。

きっとこの〝予測〟や〝先入観〟で、多くの若者は損をしていると思います。

仕事でわからないことがあったら、ききやすい同世代を頼るでしょう。でも、本当に自分にとって役に立つ数多くの知識を持っているのは上の世代です。

思い切って飛び込んでみて下さい。〝おっかない〟顔をした上司は、本当は誰よりも優しくて自分のことを思ってくれている人かもしれませんよ。普段なかなかあなたを助けてくれないのは、あなたがビクビクしてなかなか飛び込んできてくれないからです。

突然ですが、かの宮本武蔵はこんな言葉を残しています。

「斬り結ぶ　太刀の下こそ地獄なれ　踏み込みゆけば　あとは極楽」

確かに、相手の刀の下は地獄でしょう。でももしかしたら、その地獄を解消するためにはそこから逃げようとするのではなく、そちらに向けて踏み込んでいくべきなのかもしれないのです。

実際、剣を相手とした場合、一気に間を詰めるのは武術的にも有効な方策になります。剣は、近接間合いでは意外に使えないのです。

それ以上近付けない境界を、〝制空圏〟と呼んだりします。それ以上近づいたら斬られてしまう、という間合いです。でも、そこに踏み込んで行くことを宿命づけられているのが武道です。相手の攻撃が届かない距離は、自分の攻撃だって入れることはできません。それでも、安全な〝制空圏外〟から自分の攻撃だけを入れたいというわがままを言う人は、拳銃を練習した方がいいでしょう。

強い人ほど、その〝制空圏〟が絶対に越えられないバリアのように映るものです。でも、それは錯覚であり、思い込みです。

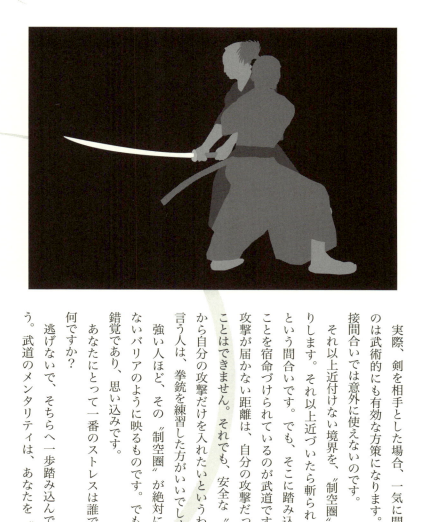

あなたにとって一番のストレスは誰ですか？　何ですか？

逃げないで、そちらへ一歩踏み込んでみましょう。武道のメンタリティは、あなたを〝極楽〟へ導いてくれるはずです。

4 宮本武蔵に学ぶ勝負ストレスの重要性

剣豪の名が出てきたところで、この人物をもう少し掘り下げてみましょう。日本、いや世界において最も有名な武道家とは誰でしょう？様々なご意見があると思いますが、剣豪・宮本武蔵は間違いなくその中の一人であることに反論する人はいないのではないでしょうか？　吉川英治の小説「宮本武蔵」が有名ですが、近年ではそれを元にした井上雄彦の「バガボンド」という劇画で若い人にも知られているでしょう。

私は実は、新陰流の始祖、剣聖・上泉伊勢守が大好きで、彼の〝活人剣〟という実に教育的な武道哲学は、その後の武道や政治、日本人の感性に大きな影響を与えたと思っています。私の主宰する禅道会にも、その武道哲学が脈々と活きていると感じる時もあります。その視点で、宮本武蔵を考える時、私自身にとっては強く関心を抱く剣豪ではないため、詳しく武蔵の事についての知識を持っている訳ではありませんし、私の武蔵観はかなり私見に満ちた物になりますことを、読者の皆様には予め、ご理解して頂きたいと思います。幅広い年令の一般読者の皆さんにもわかりやすく説明できるよう、沢山の方が知っている剣豪・宮本武蔵を例に取り、話して行きたいと思います。

武蔵と私の感覚の類似点を直感的に考えてみますと、武道に対して、とてもリアリストな面があると感じられます。

新免武蔵守玄信、天正12年（1584年）生まれ、著書『五輪書』によると13歳のときに新当流の有馬喜兵衛と初めての真剣勝負に打ち勝ち、16歳のときには但馬の国の秋山という強力な兵法者に打ち勝った。21歳で都に行き、天下に名の知れた兵法者に会い、数度の勝負をしたが負けたことはない。

その後、諸国を巡り、さまざまな流派の兵法者と60回以上も勝負をしたが一度も負けはなかった。それは13歳から28、29歳までのことである……。

『五輪書』地の巻の冒頭の文書に書かれているように、宮本武蔵は武の道を極めんと真剣勝負を繰り返してきたことは有名な話です。

そしてその後にこうも書かれています。

「30歳をこえて自分がやってきたことを省みると、自分が兵法を極めたから勝ち続けたのではなく、自分が器用で、たまたま天の理を離れなかったからかも知れない。あるいは、相手の流派の兵法に欠点があったからかも知れないと思いいたった。そこでその後はさらに深い道理を得たいものと、日々刻々、鍛錬を重ねた。そして兵法の深淵に気づいたのは50歳のころだった。」

解りやすく言うと、毎日の自分自身を内観する禅のような一人稽古と真剣勝負という強烈なストレスを感じる対人稽古を繰り返す中で、集中力を高め、その集中力を基に気づきを得て、稽古の骨格は現在に集中して内観する事だと悟り、その後、鍛錬を重ね武道の道理に到達するのに20年かかったということなんですね。

また武芸だけではなく、書物、絵画とさまざまな作品を残している芸術家でもあります。

このように道を極めていく過程の中で、他のカテゴリーにも共通する部分を見出しました。その共通する部分が正に〝マインドフルネス〟だったのだと思います。このマインドフルネスが、第1章にも記したように妄想のインフレーションに陥らぬように〝試合う〟というコミュニケーションから、生まれる〝勝負ストレス〟のなかでも、マインドフルネスの状態が崩れないことの重要性をおそらく、20年かかって徹底的なリアリズムを基に体系化し、会得していったのではないでしょうか。

またその時、武蔵は現代悪玉とされるストレスが、真のマインドフルネスを会得するための友だと気がついたのだとかもしれません。現代社会のように、〝ストレス＝悪玉〟と考えていては、観念の世界から抜け出す事はできません。私達の活きる力は正に〝心技体〟なのです。観念ではありません。この観念の一人歩きや暴走が、むしろ社会にとって悪玉と言えるのかもしれません。現代社会に生きる私達にとって、ストレスというものにどのようなフレームをリフレームするかは、人がイキイキと生きるために、とても大切な要素だと思います。

徹底したリアリストであった武蔵は、きっとそのように感じたに違いありません。

私達は、どのような方法で強さを求めていけばよいのでしょう。

武蔵を参考に現代における、強さの求め方を具体的に説明していきたいと思います。

5 宮本武蔵の強さは一人稽古と真剣勝負（試合）のバランスにあり

五輪書で「我が流儀に師はいない」と書いている宮本武蔵ですが、彼の父親である新免無二斎は、十手術の兵法家でありました。

また当理流の宮本無二助と同一人物という説もありますし、実父ではなく養父だったという説もあります。いずれにしろ剣豪であった父親の影響を受け幼少期から、武芸の鍛錬をしていたことは容易に想像できますが、前記のように「師はいない」と言い切るということは、英才教育のように手ほどきを受けたとは考え難いでしょう。

父親の影響を受け、第一章にも記した大脳の自動学習でセンスを磨き、その頃の子供なら誰でもやっていた、見よう見まねのチャンバラのような軽いストレスのかかる遊びの中で、間合い感や見切り感などを自動学習していったのだと思います。

二世議員が環境上、政治センスを身につけることと同様に、特に三歳までの猛烈な脳の爆発的な成長期に、後の剣豪となる基本的な素養を身につけていったのでしょう。

また彼は、独特の家風で、特殊な父子関係の中、心理学で言うところの極めて珍しいエディプスコンプレックスを獲得し、あまり類を見ない、攻撃性を有している少年に成長していき、彼の対人関係を孤独に導く要素を形成していったのではないでしょうか。おそらく彼は孤独になればなるほど、自分の土俵に相手を引き込み、勝つための駆け引きも、そのストレス関係をベースに身につけていったのに違いありません。

つまり、武蔵は現代的に言うと、社会生活には馴染めない一匹狼の不良少年だったのでしょうね。時代が時代ならば我がディヤーナ国際学園に預けられていたに違いありません。(すごい私見ですみません……笑)

そんな彼が13歳の初めての真剣勝負で勝つのは運良くと言うよりは、むしろ必然であったかもしれません。強さだけがよりどころであった彼には、一つひとつの勝負を通してその経験をフィードバックし、自らの稽古体系、技術体系を作り上げ一人稽古をし、そしてまた真剣勝負で検証、その繰り返しの中から二天一流という自らの流派を立ち上げ、最終的には本当の敵は、自分の無意識の中に住んでいたと、気がついた時が29歳の時だったのでしょう。

そこから武蔵の本当の修行と世界観の広がりが始まり、百芸に通じる武道家・宮本武蔵が形成されていったのではないかと思います。このような経験から、おそらく武蔵は『我が流儀に師はいない』と書いたのだと思われます。三つ子の魂百までも、晩年を持ってしても武蔵の孤高で孤独の影はこのような環境の中から、時代を経てもなお私達にそのような印象を持たせるのでしょうね。

空手道の練習は私の知る限りにおいてですけれども、我が禅道会に限らず、その場基本、移動基本からなる1人でもできる基本稽古が稽古の骨格となっています。

この基本稽古で、立ち方、構え、呼吸、力の緩急、目付けなどを段階ごとにフォーカスする部分を変えながら、行なっていきます。この中で呼吸は重要な位置を占めており、呼吸は立ち方や姿勢、構えなど全般に関連しながら、より高度な身体操作を身につけるための源と言ってよいでしょう。この時、身体感覚に集中し課題となる所にフォーカスを向け、それを入り口に集中力を身体の動きに合わせて高めていきます。フォーカスする部分はキャリアや、試合でのフィードバックにより、各々のフォーカスするべく課題はばらつきがあるのですが、やることは同じです。

第6章の最後に、集中とはフォーカスする部分を持たない事である、と記しましたが、フォーカスする部分を持たないという境地に達するには、最初はフォーカスする課題を作り、そこに意識を向けることが、入り口となります。

もう少し詳しく説明すると、集中とは、自分の肉眼ではないもう一つの眼をもち、フォーカスする部分を捨てきって脳の自動学習するスイッチを切り、外界全体を感じ取っている状態を示しますが、その入り口となるのが、とても逆説的なのですが、実はフォーカスする部分に、意識的に心を向けることから始まります。そしてそこに至るには、このフォーカスする部分に感情的意味づけを付加させる事が必要となります。

武蔵は強くなることだけが、彼の自己重要感を上げる唯一の道と思いつめ、真剣勝負に伴う死の恐怖のフィードバックが、一人稽古でのフォーカスする部分に強い意味づけがなされたに違いありません。そこに武蔵の特異性があり、一般人を寄せ付けない孤高性の源もあったのでしょうね。そして晩年、強く意味づけされたフォーカスを入り口に集中力を高め、技を磨き、百芸に通ずるマインドフルネスという境地に達していったのだと思われます。

6　ストレスとフィードバック

しかし、私達は武蔵のような非凡な人間ではなく、また現代社会に生きる社会人としてできる範囲で、ほんの少しだけ武蔵の緊張感を応用させてもらうことになれば、その各々のフォーカスする部分の感情の付加を強めるために、高ストレス状態＝試合が必要となります。意識的なフォーカスを強めるためにストレス強度の強いコミュニケーションが必要不可欠になるのです。それが試合だと考えて頂くと解りやすいと思います。

試合でのストレス状態及び結果は、前向きにとらえれば稽古のための強いモチベーションとなります。

普段の稽古では、ミット打ち、マススパーリングと対物対人を通して低ストレス状態のコミュニケーション、中ストレス状態のコミュニケーションを学び、それを基本稽古に頻繁にフィードバックする事により、技を練っていきますが、それだけでは不足で、強い意味合いを付加したフォーカスする部分を作らなければなりません。すると、どうしてもある程度の高ストレス強度のストレッサーが必要となります。

人は真剣になればなるほどその結果について、強い感情が伴う事になります。そのことを前向きに活かせば、結果を稽古にフィードバックすることにより、課題に対するフォーカスに強い意味付けがされるの

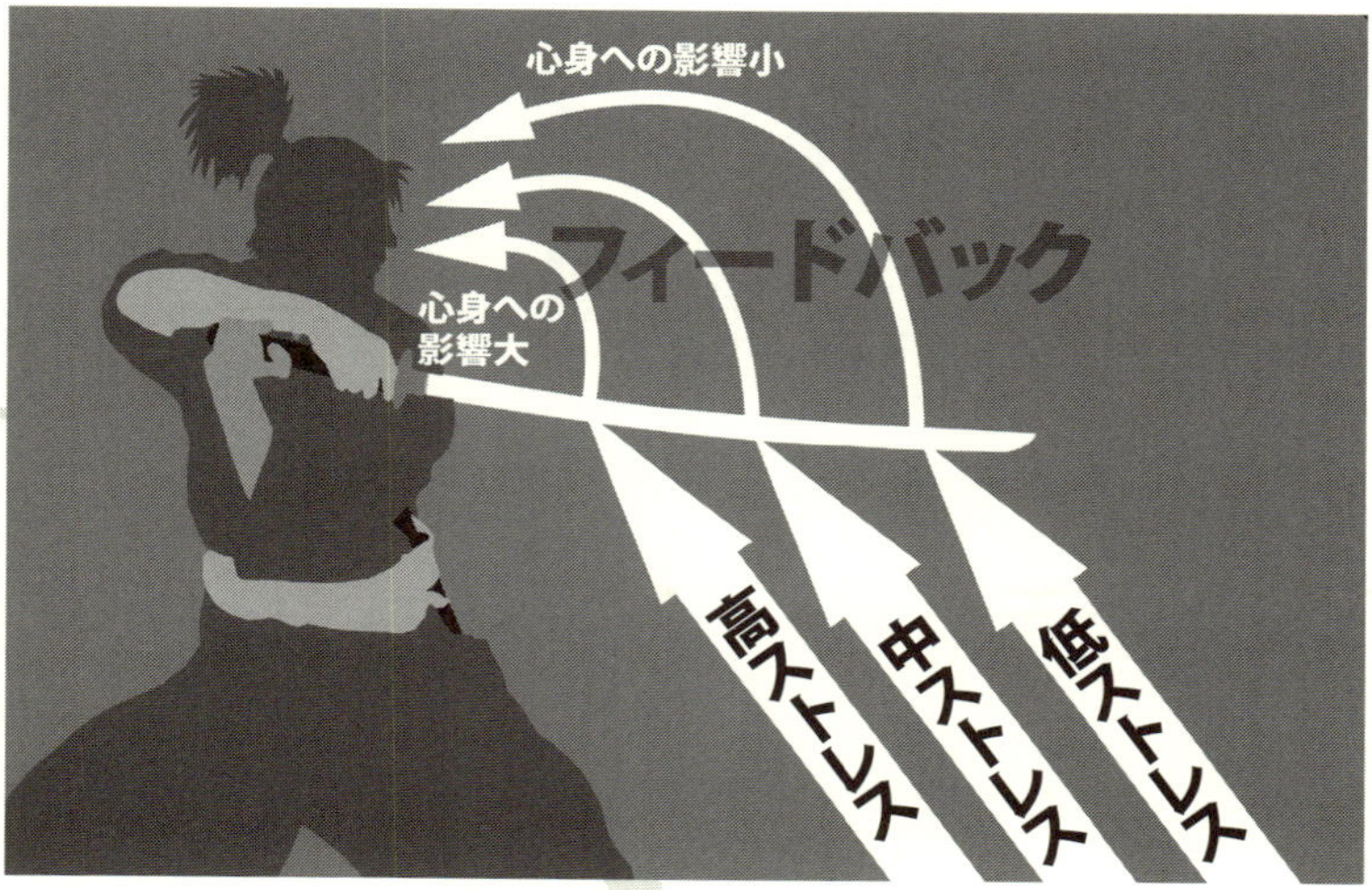

です。ただし高ストレス状態が続けば、人は戦争でPTSDになるなどの例が示すとおり、精神荒廃が頻発するように、心身に悪影響を及ぼします。

武蔵は60回あまりの真剣勝負をおよそ17年ほど行なっております。これを平均に計算すれば、年間およそ3、4回の計算になります。

禅道会の昇級審査会や試合の回数は、年に3、4回のペースとなります。特に思春期～青年期（もちろん、武蔵も青年期の場合だったのですが）のように、高ストレス状態が必要な時期でも、高ストレスを感じる経験の回数は多くてこの程度に止めておく方が良いと考えられます。普段の稽古では低ストレス、中ストレスを基本稽古にフィードバックし、年間、3、4回の高ストレスを稽古全体にフィードバックさせ、身体感覚を研ぎ澄まし、技を練り、第三の眼を獲得し、そして、右脳から左脳へのイメージでそれらを顕在化し仕事やカルマ業を通して、私達の社会の潤滑油となって行くことができれば、ストレスに対するとらえ方も、大きく変わっていくのではないでしょうか。

火の巻で武蔵は袋竹刀での稽古は必要ないと説いています。それは、おそらく青年期を乗越え真の集中を会得した武蔵が到達した時の感想であったに違いありません。人は1人では生きられません。人の縁はまさに織物のようなもので、様々な糸がバランスよく紡ぎあうことにより1つの世界を形成していきます。武蔵という1人の剣豪が、生きてきたその道程の中にもそのような事が垣間見えるのではないでしょうか？

7　相手に触れてわかること

私達、禅道会では大雑把に言えば、初心者向きのルール、中級者向きのルール、上級者向きのルールとその人たちのレベルに合わせ、無理なく安全に参加できるように試合を行なっていますが、いずれも安全性に気配りをしながらも常に真剣勝負を前提とした現代社会という誓約の中で実際に、自分の身を守るために有効な〝ジャケット付き総合格闘技ルール〟を採用しております。

武道を競技化するには、極力制約の少ないルールで試合う事が、武を追究する大前提となっていると思います。実際に身を守るために必要な技の習得は、基本稽古にフォーカスする部分に、イキイキとした意味付けをするためにも、また、技の有効性の方向性を示すためにも、武道に武が付いてる以上とても大切な物だと考えております。

どんなルールでも競技である限り、ルールがある事には変わりなく、実戦ではないという人もいますが、

それは部分的にフォーカスを当てれば真実に見えますが、全体を良く見渡してみると、真剣勝負の〝ジャケット付き総合格闘技ルール〟の試合は護身という実戦を土台で支える重要な要素をもっています。

真に実戦の場面では、小手先の技は通用しません。私達、禅道会は自立支援施設〝ディヤーナ国際学園〟を通して、刃物を持って暴れる子を、傷つけずに制圧しなければならない事も、ままあります。

そんな時、社会的な制約の中と先程記しましたが、法律的には許されても、教育的に成立しない護身のあり方は超非常時のみにしか容認されません。

心理面も含めて相手を傷付けずに相手を制圧し、自らも相手をも守ることは、教育性を有する武道家として、必要不可欠なテクニックであると考えます。

そこには、微妙な心のコントロールや感情のコントロールや技術が必要となり、試合で得たことの応用という手順を踏まなければなりませんが、大きな下支えとして護身を成立させてくれます。

そして、身をもって相手にも怪我をさせない。という相互尊重の気持が非常時な場面でも、心の中に確かに宿ってきた事を実感させられることがあります。

またそのことは稽古を通して、人の心に相互尊重という礼の精神が確かに育っているのだと、実感することがあります。稽古ということを核に、人と人との礼の精神を育て、あらゆる人を受け入れ、礼の精神を持って相手と接することは、もともと、社会性を生き残りの方法として進化してきた私達の脳にも機能的に考えて、もっとも自然な使い方であるとも、考えられます。人と人との相互尊重を核に、先人に対する礼、大自然に対する礼、礼の世界観を広げていくことがマインドフルネス……禅の境地に近づく方法、即ち〝道〟なのではないでしょうか。

先ほどから申し上げている通り、一人稽古が主体の空手道やヨガはどんなに自己重要感が低く、人間関係が苦手な引きこもりの子や、発達障がいの子にも各々の条件に合わせて、自信が付くまで、また納得するまで一人稽古を行い、徐々にストレスを上げていくことも可能です。ヨガや武道は多くの人が学べるように、大乗の道として門戸を開いているのです。

私達は、この社会が人の縁で織り成す美しい織物のようになることを願って止みません。武蔵が晩年たどり着いた、万里一空の境地とは、フォーカスを捨てきった、正に全体を感じ取る、マインドフルネスの世界観であったに違いありません。

8

— 第8章 —

メンタル・トレーニングの最新型“サイバーヨガ”

メンタル・トレーニングとしてヨガを行なう場合、どうしてもその成果や、現在の状態が見えにくいというきらいがあります。これはメンタル自体の特性です。その点、前章でご紹介した武道の〝対人〟システムは成果、現状が見えやすく、それをフィードバックしやすいという利点があります。例えば、スキがある状態だったら相手はすかさず打ち込んできてくれますし、緊張して固まっていたら、こちらが何をやろうとしても、たやすく捌かれてしまうでしょう。

私の主宰するサイバーヨガ・スタジオでは、〝対人システム〟や機器測定を導入することによって心の〝見える化〟をはかり、メンタル・トレーニングとしてのヨガをよりやりやすくすべく、工夫をはかっています。

科学分野の研究が進み、メンタル強化もより効率よくはかることができるようになってもきています。伝統と最新技術、ヨガと武道……、現在はうまく〝補完〟し合える組み合わせを選ぶことによって、見えにくかったメンタル・トレーニングが、より完成型に近付いている、と言っていいのではないかと思います。

本章では、そんなメンタル・トレーニングの最新型をご紹介します。

1 最高の精神状態〝ゾーン〟とは？

〝ゾーン〟…アスリートであれば一度は耳にしたことがある、最高の精神状態を示す言葉です。ピークパフォーマンスとも呼ばれ、スポーツ選手が〝極限まで集中し、考えることを忘れた無心の状態〟のことを指します。この〝ゾーン〟状態に入ったとき、野球であれば〝ボールが止まって見えた〟、サッカーであれば〝身体が勝手に反応し、気がついたらゴールしていた〟、ボクシングなら〝無心で放ったパンチでKOし

ストレス・レベルとパフォーマンスの関係

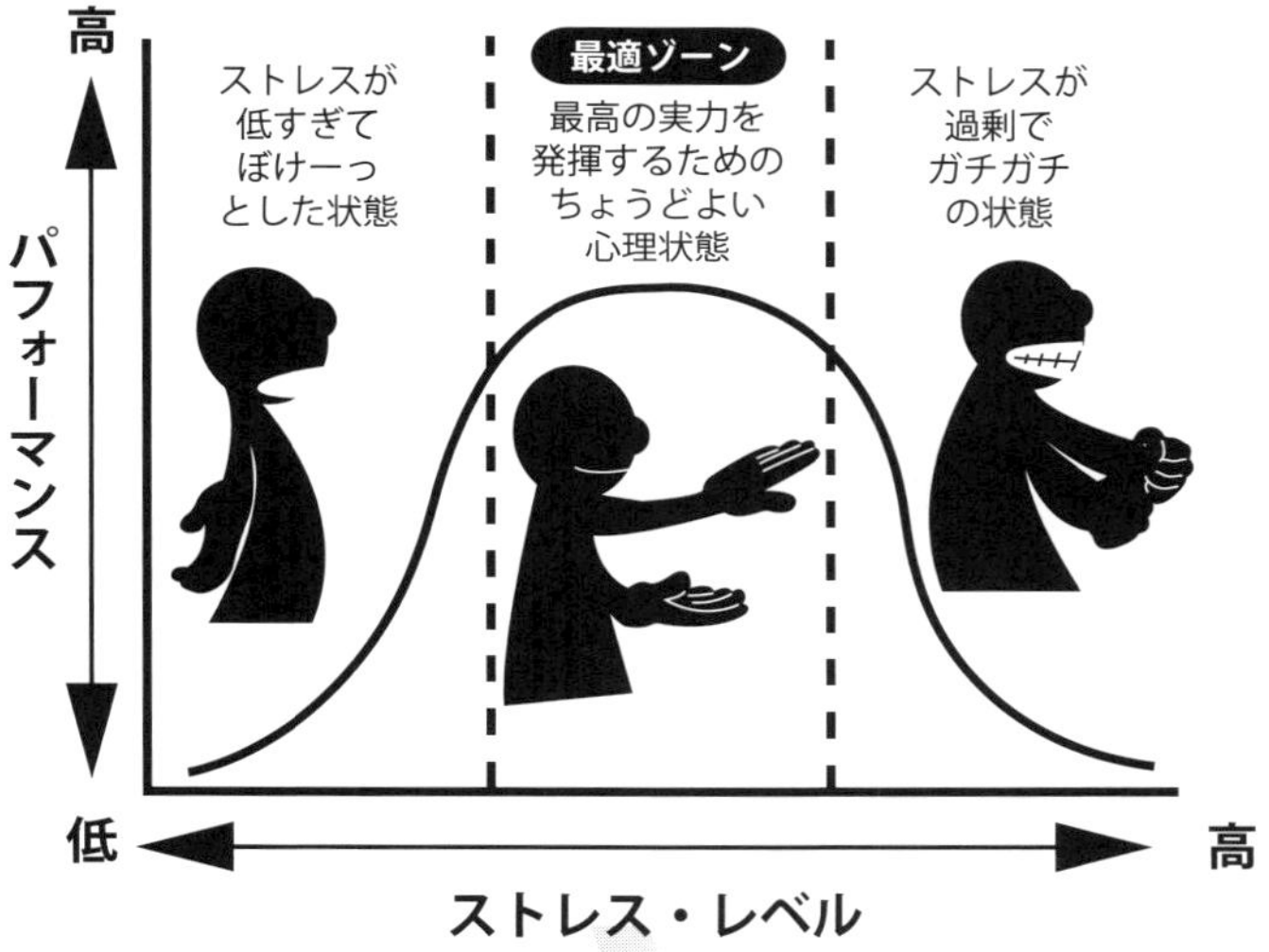

ていた〟という現象が起きてきます。

ゾーン体験者の多くは、その時の状態を、リラックスしつつも集中していたと感じたそうです。

現段階では、〝ゾーン〟の科学的なメカニズムについては未だ解明されていませんが、少なくとも、リラックスと集中のバランスがカギだということが推測されます。

2　リラックスしつつ集中力を高める3つの科学的アプローチ「サイバーヨガ」

ここでは、リラックスと集中のバランスがとれた中レベルの覚醒レベルをつくりだすことで、〝ゾーン〟に近づく3種類の「サイバーヨガ」のトレーニングをご紹介させていただきます。

(1)　実践的マインドフルネス・トレーニング
—目の前のプレイに没頭する

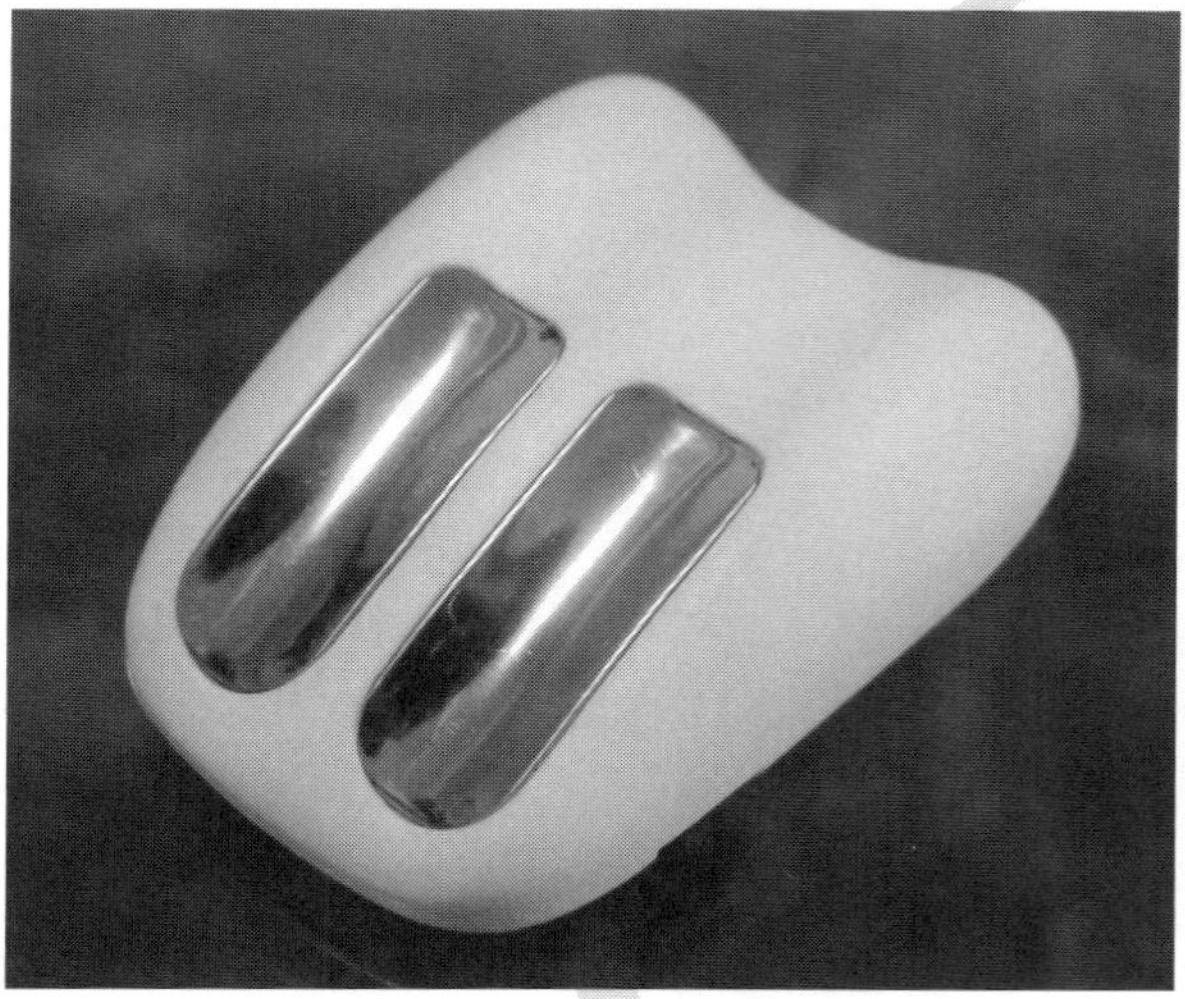

指先の発汗量を測定する「GSR2」。発汗量の変化を〝音〟としてフィード・バックするシステムで、発汗量が増えると音が高くなり、減ると低くなる。

第2章でも触れましたが、勝ち負けという「結果」に過剰な意識が向かってしまうと、脳の扁桃体が活性化し、ノルアドレナリンが分泌され、脳は興奮状態となります。

この状態を防ぐには、いかに目の前のプレーに没頭できるかがカギとなります。それには、第3章でご紹介しましたマインドフルネス・ワークによって、普段から「今」に集中するトレーニングを積んでおく必要があります。

さらに、スポーツやビジネス現場など、緊迫した状況でも「今」に集中できるように、ストレスがかかった状況下でのトレーニングが必要になってきます。

上掲写真は、「今」に集中できているかいないかを顕在化させてくれる「GSR2」というマシーンです。

「GSR2」は、指先の発汗を音に変換させるものです。緊張して指先の汗の量が増えると、音が高くなり、減ると、音が低くなり、次第に消えていきます。これを1分間など時間制限を設けて、音が消せるよ

「GSR2」トレーニングの実際

「今に集中」できれば…

高くなった音を聞いてもそれは〝放っておいて〟今に集中する。

するとやがて音は低くなっていく。

「今に集中」できないと…

緊張して交感神経が活性化すると、指先の発汗量が増加し、発信音が高くなる。

高くなった発信音を聞いて「落ちついて音を抑えなければ」と焦るとますます音が高くなる。


うにトレーニングします。

時間制限を設けることで、残り時間が気になり、意識的に「今」に集中しにくい状況をつくり出します。そのことで、交感神経が活性化し、指先の発汗量が増加します。しかし、こうしたストレス状況下での実践的なトレーニングに慣れておくことで、〝ここ一番〟でも雑念に振り回されず、目の前のプレーに集中できるようになるのです。

時間制限内に音が消せるようになれば、より実践に近づけるために、対戦相手との競い合いの中で「今」に集中できるようにします。

〝対人〟の要素を加えたものが、次ページ写真のゲーム形式のシステム（プロコンプ・インフィニティ）です。指先の発汗とモニター画面上のボートの動きを連

指先の発汗量が減少すればヨットは前進し（右方向）、増加すれば後退してしまう自律神経トレーニング

1　落ち着いていれば発汗量は抑えられ、ヨットは前進していく。

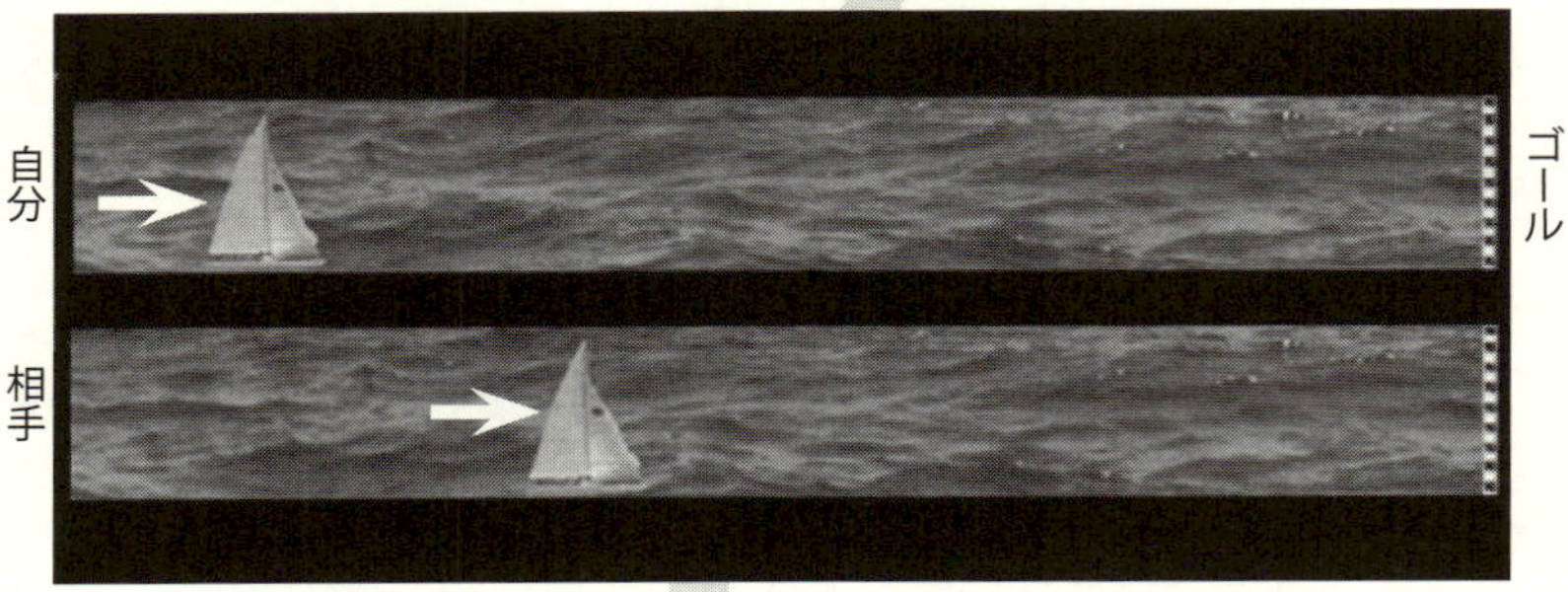

2　ゴール直前、“勝った”と思った瞬間…

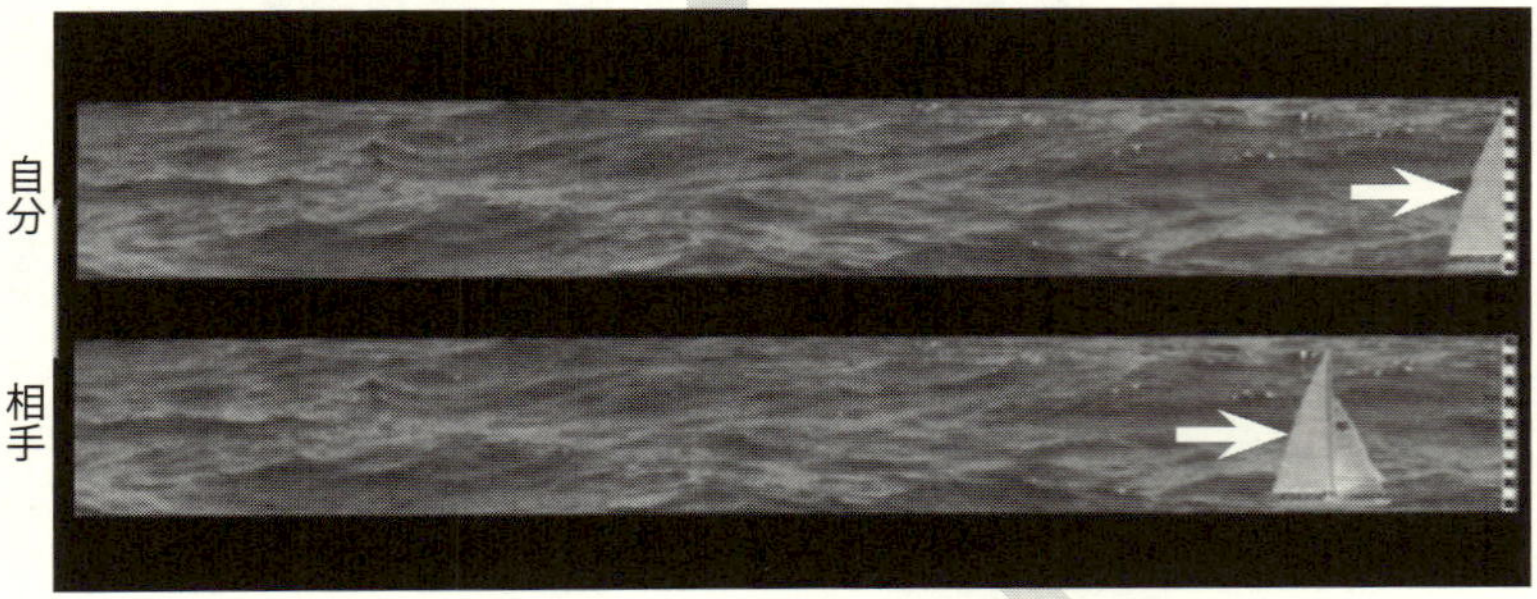

3　後退し始めてしまう。勝ちを意識することによる心の揺らぎのあらわれだ。

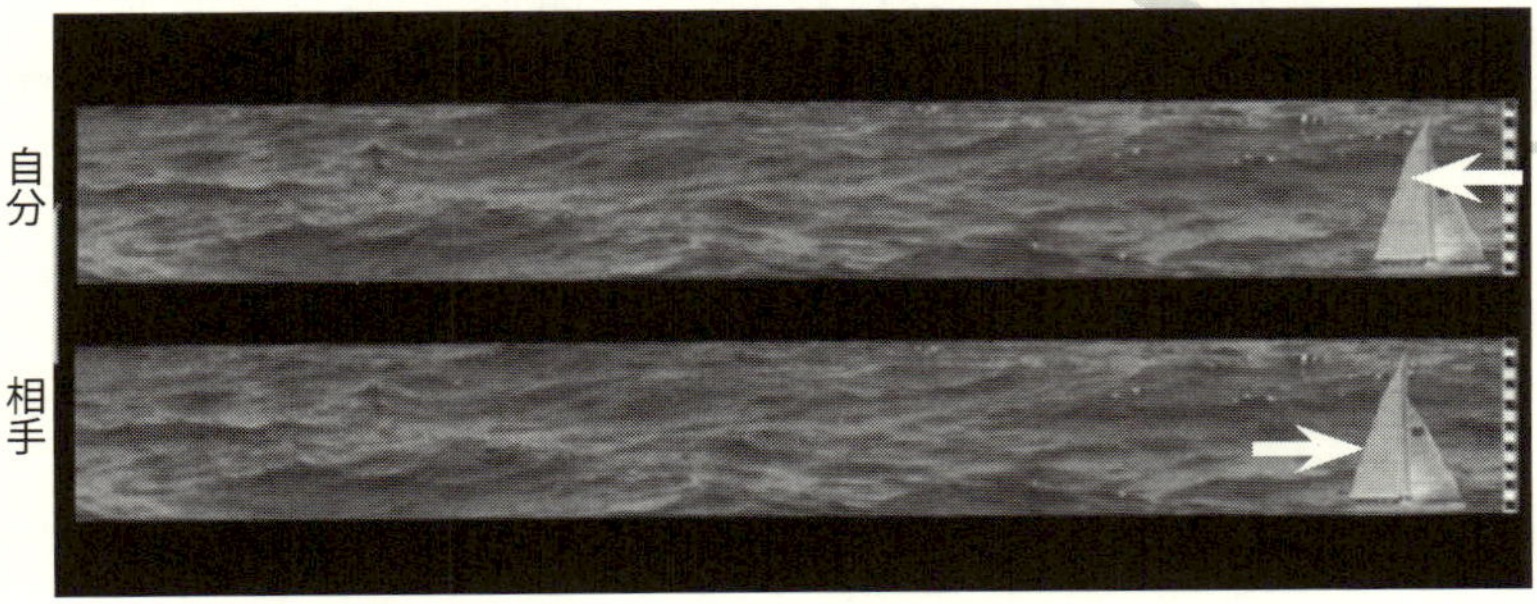

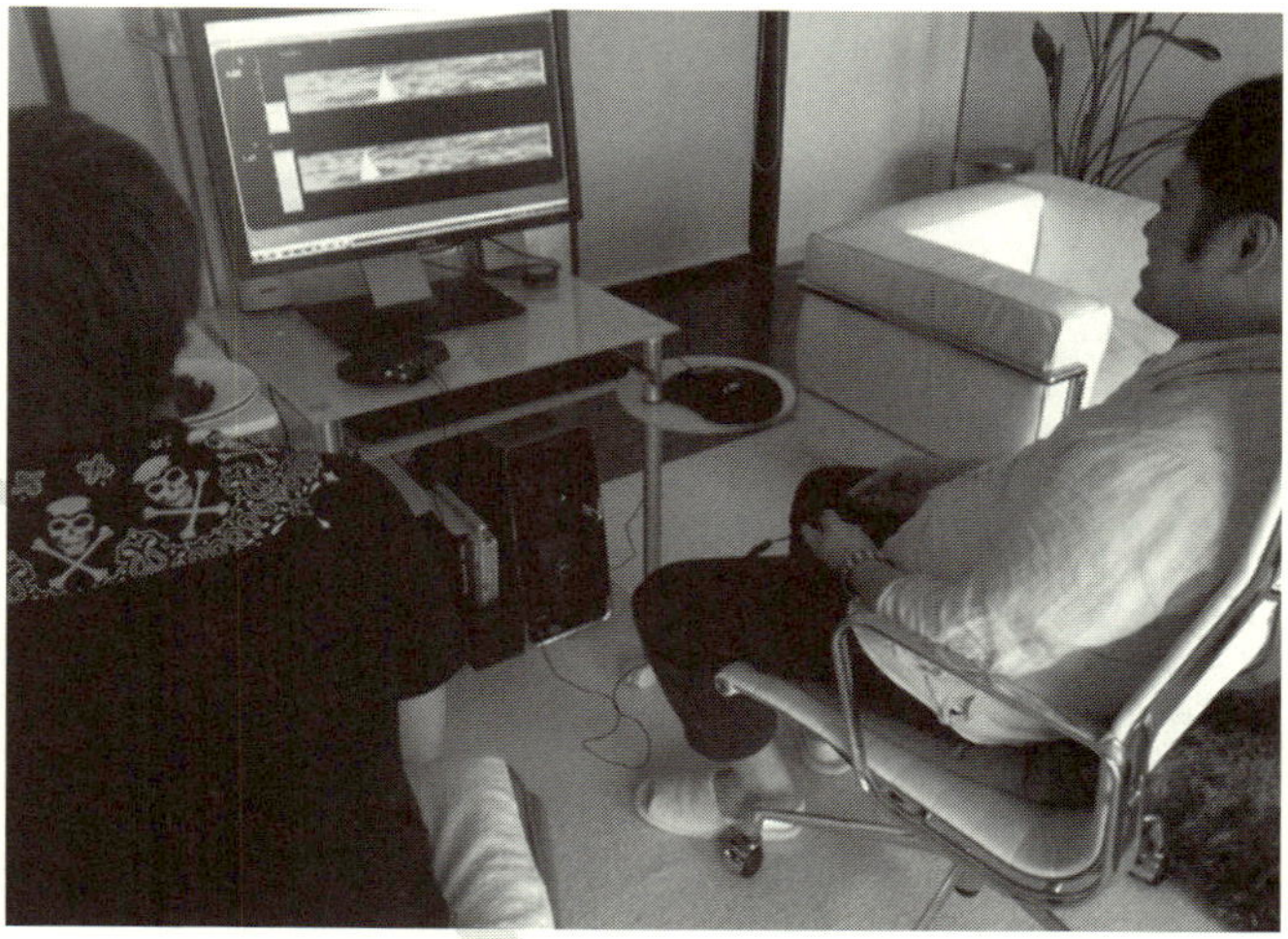

ヨット対戦システムの実施風景。対戦相手がいると、どうしても勝ち負けに対する執着が強くなりがちになる。

動させたもので、指先の汗が減るとヨットは前進し、増えると後退する設定になっています。

落ち着いて発汗を抑えられれば、ボートはスルスルと前進し、ゴールできます。発汗を抑えるには、〝勝ちたい！〟という欲求を抑え、「今」に集中し扁桃体の興奮を抑える必要があります。

しかし順調に、「今」に集中していた意識も、ゴールが近づくにつれ、〝あともう少しでゴールだ！〟という意識が働き出し、脳は興奮状態となり、ズルズルと後退してしまうケースが頻繁に確認されます。これは、アスリートが「勝利」を意識した瞬間にパフォーマンスが著しく低下してしまう現象と同じと言えます。

たとえ、勝利が目前に迫っても、いつも通りの平常心でのプレイが求められます。

対戦相手がいても、その動きに惑わされず、単独トレーニング時と同じように淡々と「今」に集中できるようにします。それが〝自分のベストを尽くすこと〟を意味するのです。

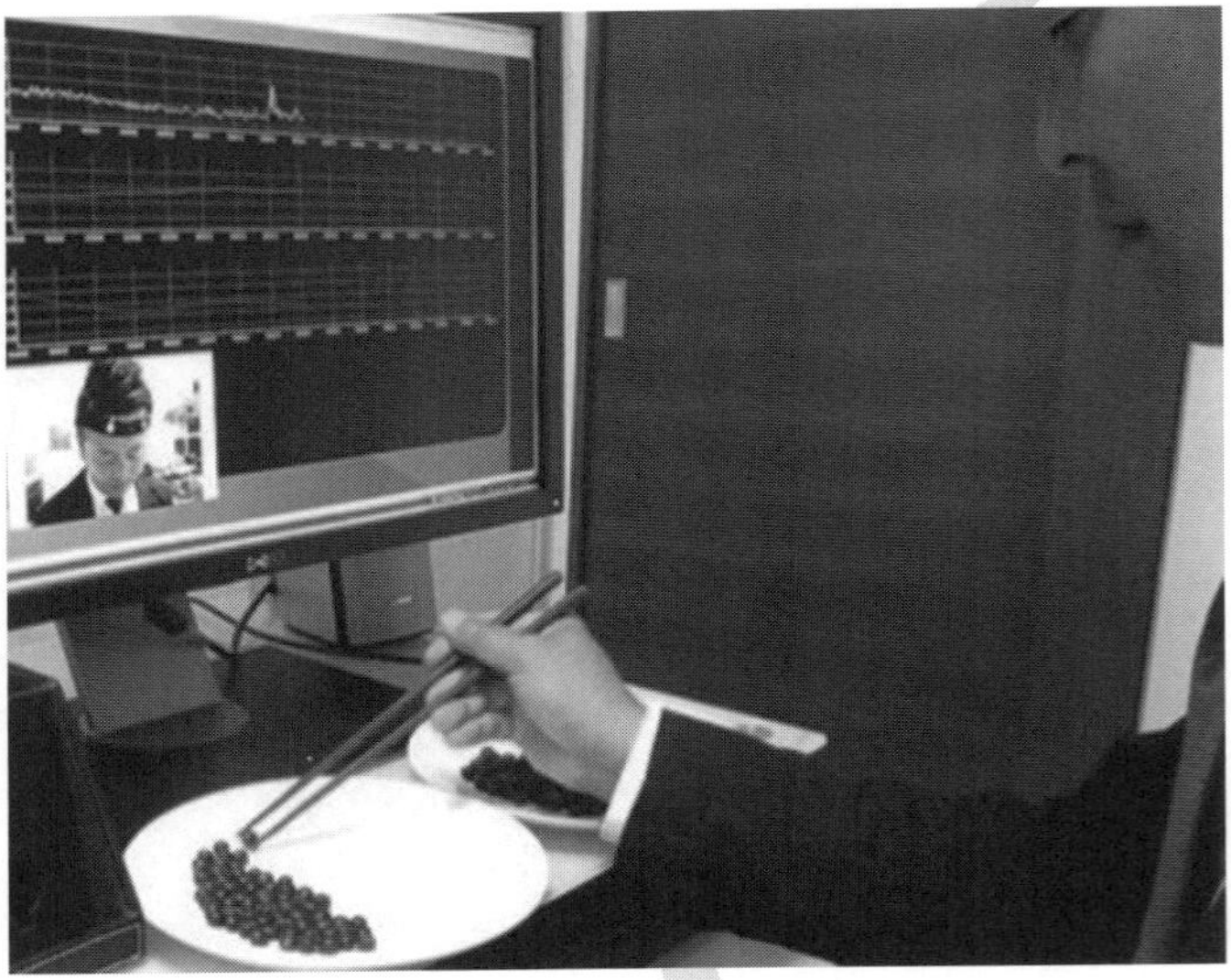

センサーを体に取り付け、「豆を箸でつかんで移動させる」というタスクをこなすトレーニング。焦らなければ難しくはないが……

ここでは、指先の発汗量の値を基準にトレーニングをしましたが、他にも、皮膚温、心拍、筋電図、脳波などの値をボートの動きに反映させることが可能です。

【プロコンプ・インフィニティ】

その他の自律神経トレーニングとして、各種センサーを取り付け、何かしらのタスクを時間制限内に行なってもらいます。そして、交感神経が活性化し、ストレス・レベルが許容範囲を超えると音が鳴るように設定します。急いでタスクをこなしつつも音が鳴らないように注意することで、次第に緊迫した試合中でも沈着冷静にプレーが行なえるようになっていきます。（段階的に音が鳴る設定を厳しくすることで、高いトレーニング効果が期待できます）

上掲写真は、お箸で豆粒をつかみ、皿から皿へと素早く移動させるタスクの模様です（1分間に

30個移動させる)。これ以外にもテレビゲームやパズルゲームなど、様々なゲームを活用することでトレーニングに慣れさせないようにします。

⑵ 自律神経最適化トレーニング―交感神経と副交感神経のバランスを整える

ここで注意が必要なのが、“ゾーン”は単なるリラックス状態ではなく、リラックスしつつも集中している状態だということです。つまり、極端に副交感神経だけが活性化してしまってはリラックスしすぎて、ゾーン状態からは外れてしまうことになります。

そこで最近では、心拍リズムに合わせて呼吸することで自律神経のバランスを整える「心拍変動バイオフィードバック(HRV-BFB: Heart Rate Variability Biofeedback)」と呼ばれる科学的な呼吸法が海外の競技スポーツ分野を中心に広がりをみせています。

近年、心拍変動解析による周波数分析により、交感神経は遅い周波数成分(0・001〜0・07Hz)、副交感神経は速い周波数成分(0・15〜0・4Hz)に分類されることが分かってきました。

つまり、この交感神経と副交感神経の中間の周波数成分(0・08〜0・14Hz)のパワーを増加させることで、自律神経のバランスがとれた状態となります。これは、約10秒に1回(0・1Hz)の周波数で、心拍リズムに呼吸を同調させることで、この周波数のパワーが増加していきます。

【自律神経最適化トレーニング】

測定器(「ストレス・イレイザー」)で自分の心拍をモニターし、その波形の上昇に合わせて鼻から息を

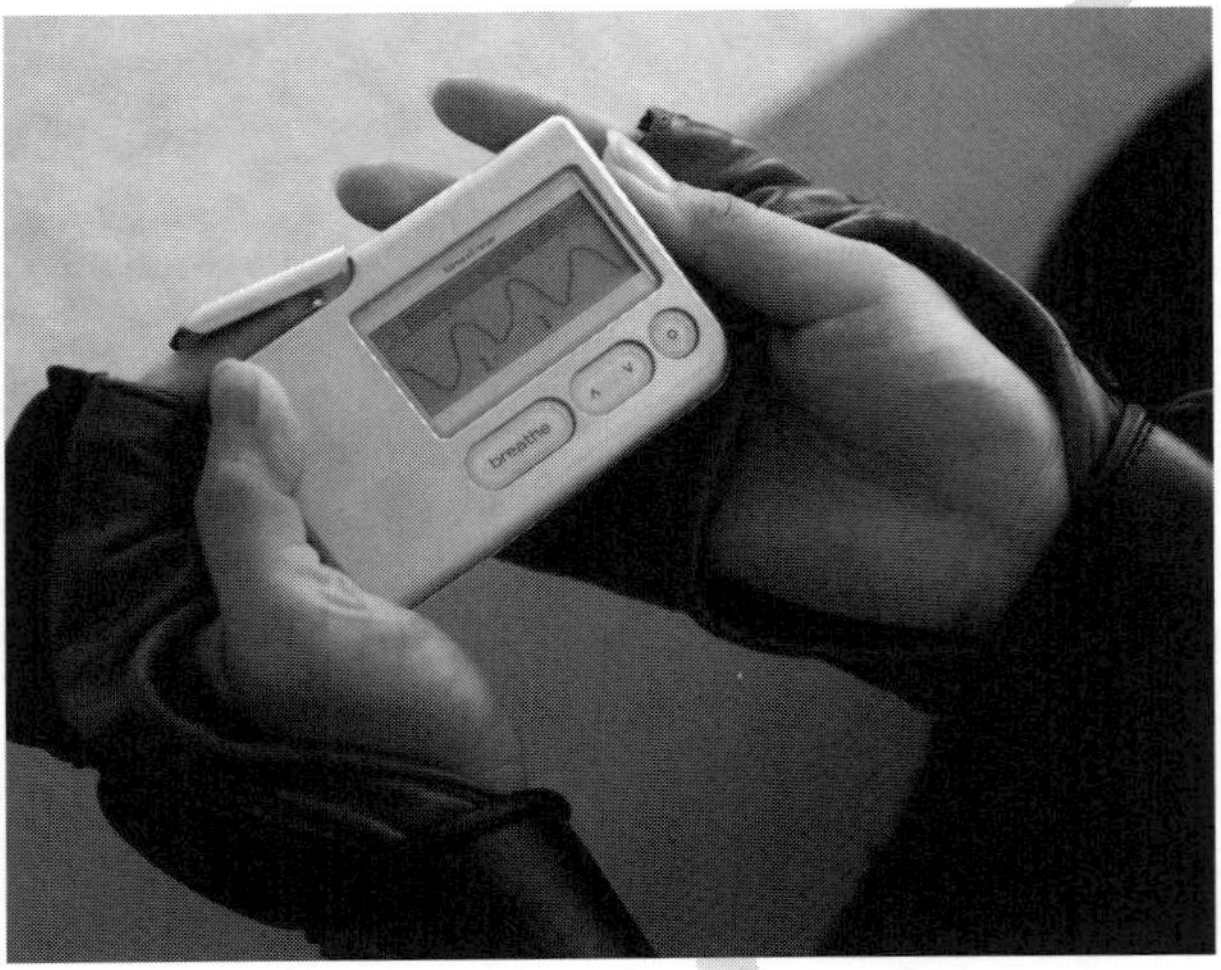

自律神経最適化トレーニング
自分の心拍リズムを測定器（「ストレス・イレイザー」）でモニターしながら、その波形の上昇に合わせて鼻から息を吸い、下降に合わせて口から息を吐く。5～10分行なう。

吸い、下降に合わせて口から息を吐く。5～10分行ないます。

専用のデバイスが手元にない場合は、5秒で吸って、5秒で吐く呼吸法を行なうことで類似した効果が得られます。

⑶ 脳波最適化トレーニング―集中力の脳波を増やし、雑念と緊張の脳波を減らす

近年、脳波の周波数分析から〝ゾーン〟を科学的に解明するアプローチが活発化してきました。

〝ゾーン〟のカギを握る脳波として注目を浴びているのが、SMR波（Sensory Motor Rhythm：感覚運動リズム）と呼ばれるベータ波の一種の脳波です。SMR波は、動物が獲物をじっと狙っているような状況、つまり落ち着いてはいるが、いつでも行動を起こせる状態の時に脳の頭頂を中心に優位に出現します。アスリートであれば、外部状況に惑わされず、身体はリラックスしつつ競技に集中できている状態です。

覚醒レベル（脳波状態）とパフォーマンスの関係

脳の周波数による覚醒レベルとパフォーマンスの質の変化を示したグラフ。“ゾーン”はθ波が減り、集中力が高まったSMR波（12～15Hz）に入った時の状態。

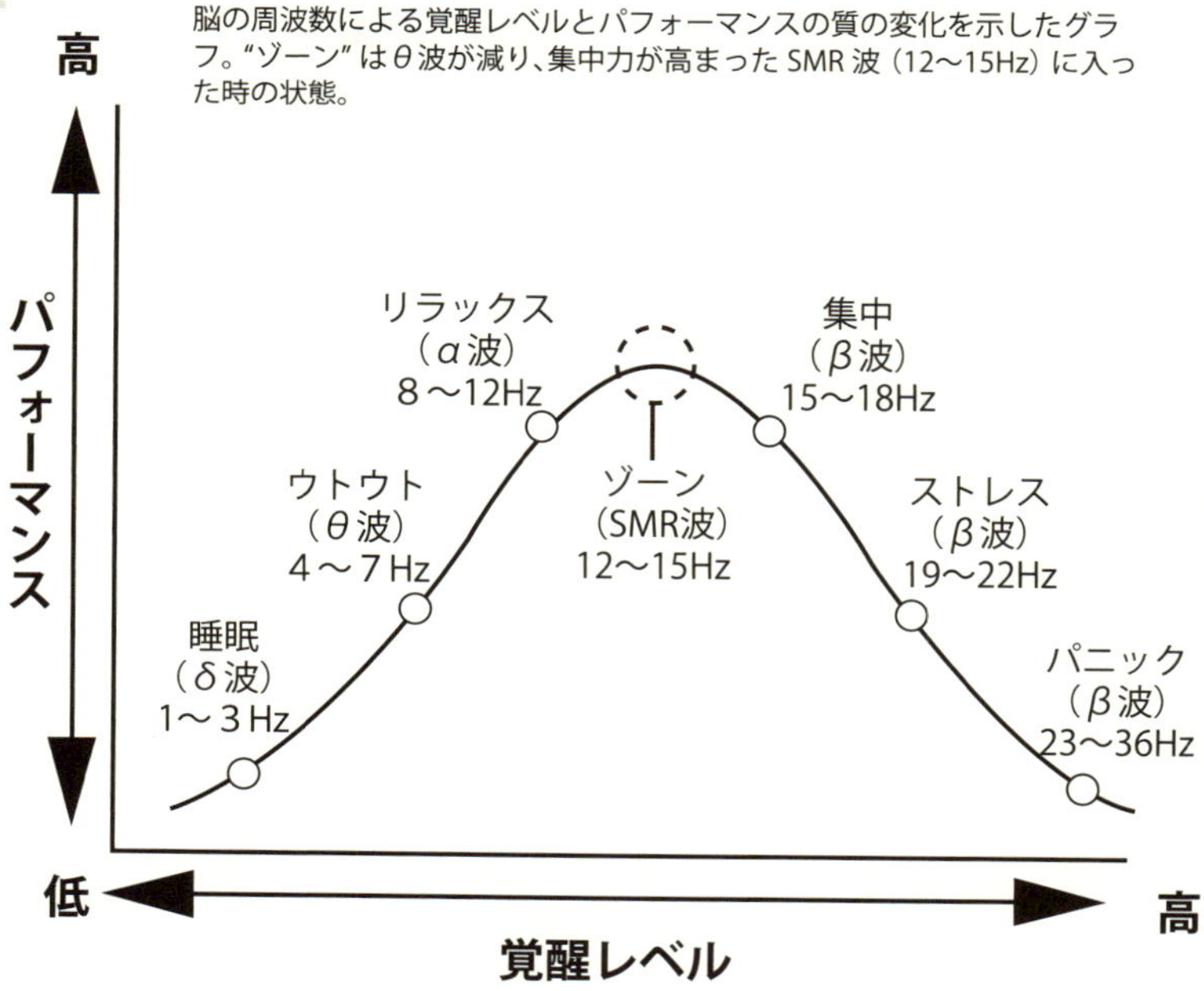

脳波最適化トレーニング

脳波をモニターし、3つの脳波バランスが整った時に画面上の〝パックマン〟が動きだし（写真上）、バランスが崩れると止まる（同下）ようにセッティングしてある。〝パックマン〟が動くことが脳の報酬となり、脳自身が自然にその状態をつくるべく働くようになる。

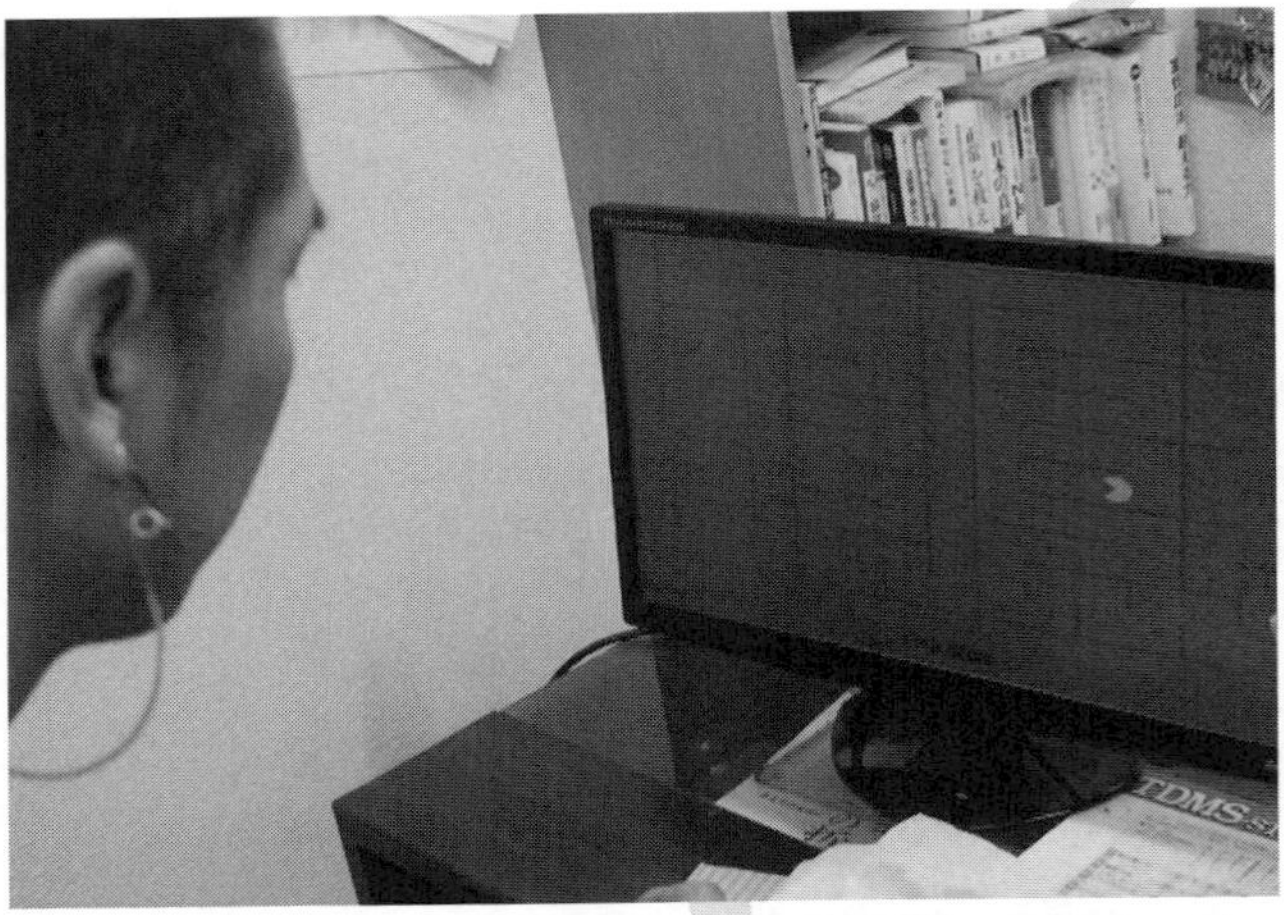

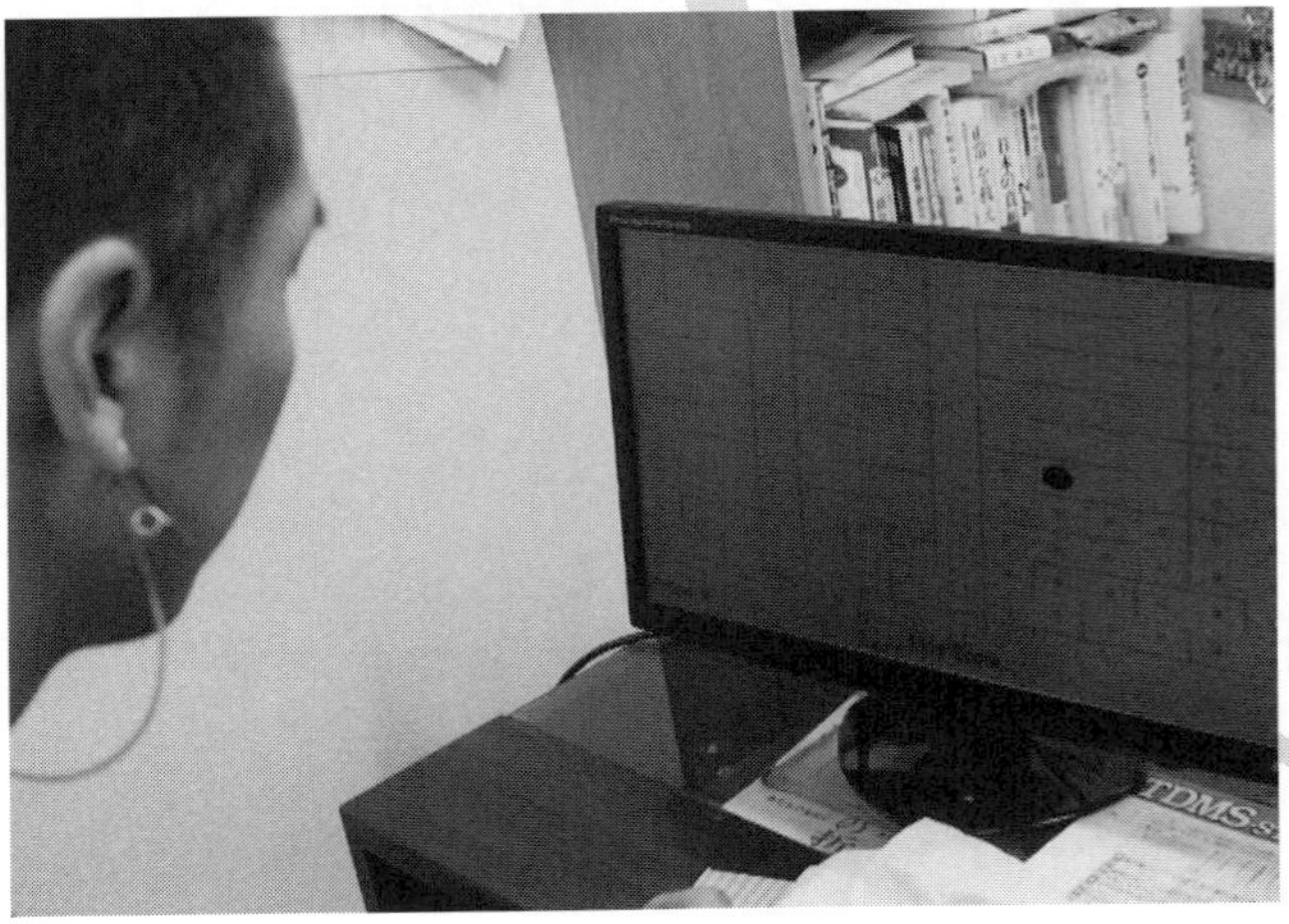

１６５ページの図のように、ＳＭＲ波が優位なリラックス&集中状態を〝ゾーン〟とすれば、そこがパフォーマンスのピークとなり、そこから覚醒レベルが低くなりリラックスし過ぎればシータ波優位となり、覚醒レベルが高くなり集中し過ぎれば高ベータ波が優位な状態となり、著しくパフォーマンスが低下していきます。

【リラックス&集中のＳＭＲ波を増やし、雑念のシータ波と緊張の高ベータ波を減らす脳波最適化トレーニング】

３つの脳波バランスが整った時に画面上の〝パックマン〟が動きだし（前ページ写真上）、バランスが崩れると停止してしまいます（同下）。〝パックマン〟がうまく動き続けることが脳の報酬となり、その脳波状態をつくり出すべく、脳自身が学習し、自然にその状態をつくるべく働くようになります。

特定の脳波を強化したり、抑制したりする脳の強化学習トレーニング・システムの一つです。

３　〝見える化〟カウンセリング「ストレス・プロファイル」で脳のタイプ別診断

世の中にはカウンセリング、コーチング、セルフケアとしてのヨガやマインドフルネス、私の所のような脳波や自律神経のトレーニングなど、アプローチは異なりますが、様々な方法でメンタルヘルスの向上が目指されています。

しかし、そもそもメンタルヘルスの向上とは一体どういった状態を指すのでしょうか？

サイバーヨガ・モデル

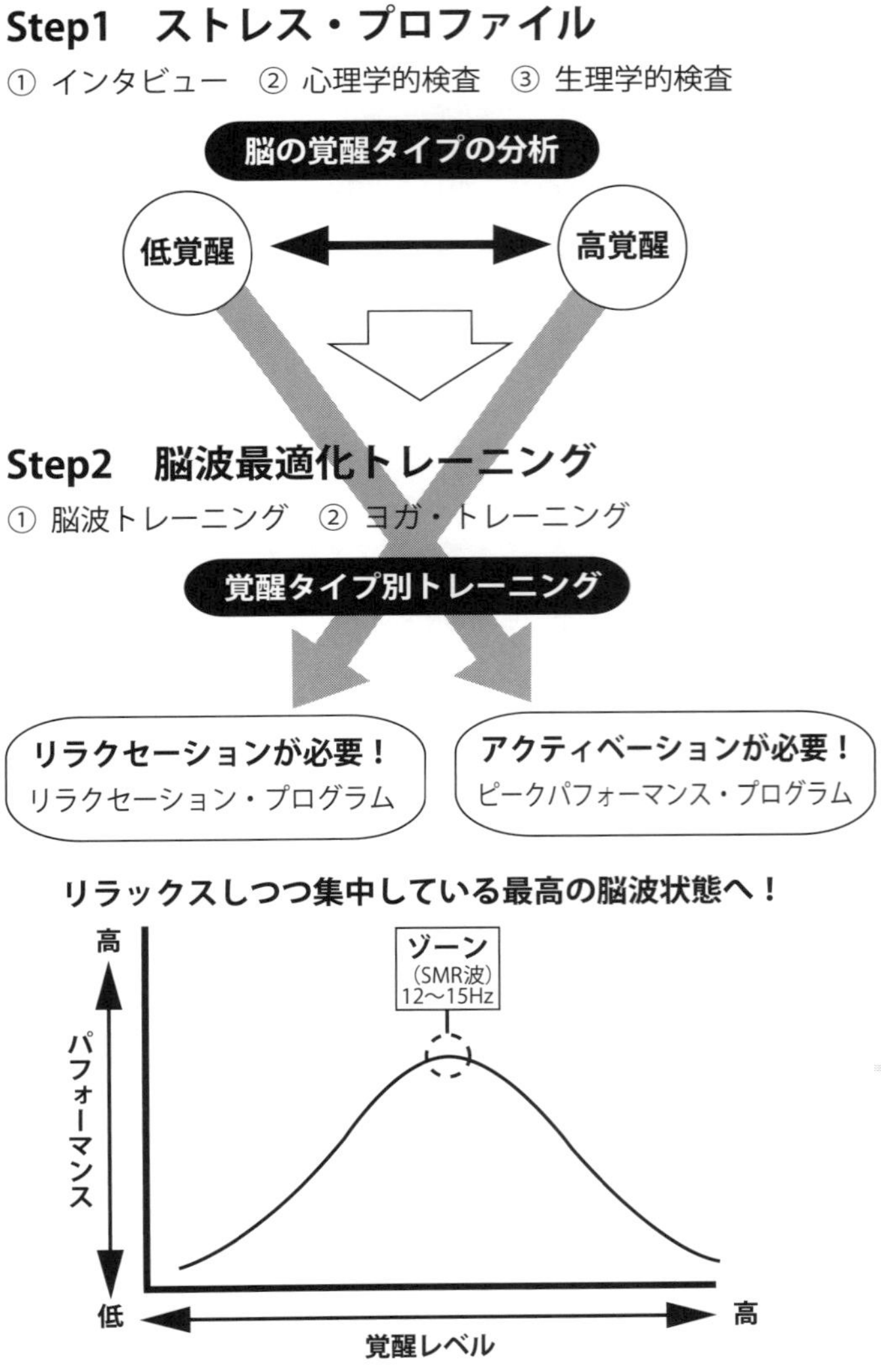
Step1　ストレス・プロファイル
① インタビュー　② 心理学的検査　③ 生理学的検査
脳の覚醒タイプの分析
低覚醒
高覚醒
Step2　脳波最適化トレーニング
① 脳波トレーニング　② ヨガ・トレーニング
覚醒タイプ別トレーニング
リラクセーションが必要！
リラクセーション・プログラム
アクティベーションが必要！
ピークパフォーマンス・プログラム
リラックスしつつ集中している最高の脳波状態へ！
ゾーン
（SMR波）
12〜15Hz
高
パフォーマンス
低
覚醒レベル
高

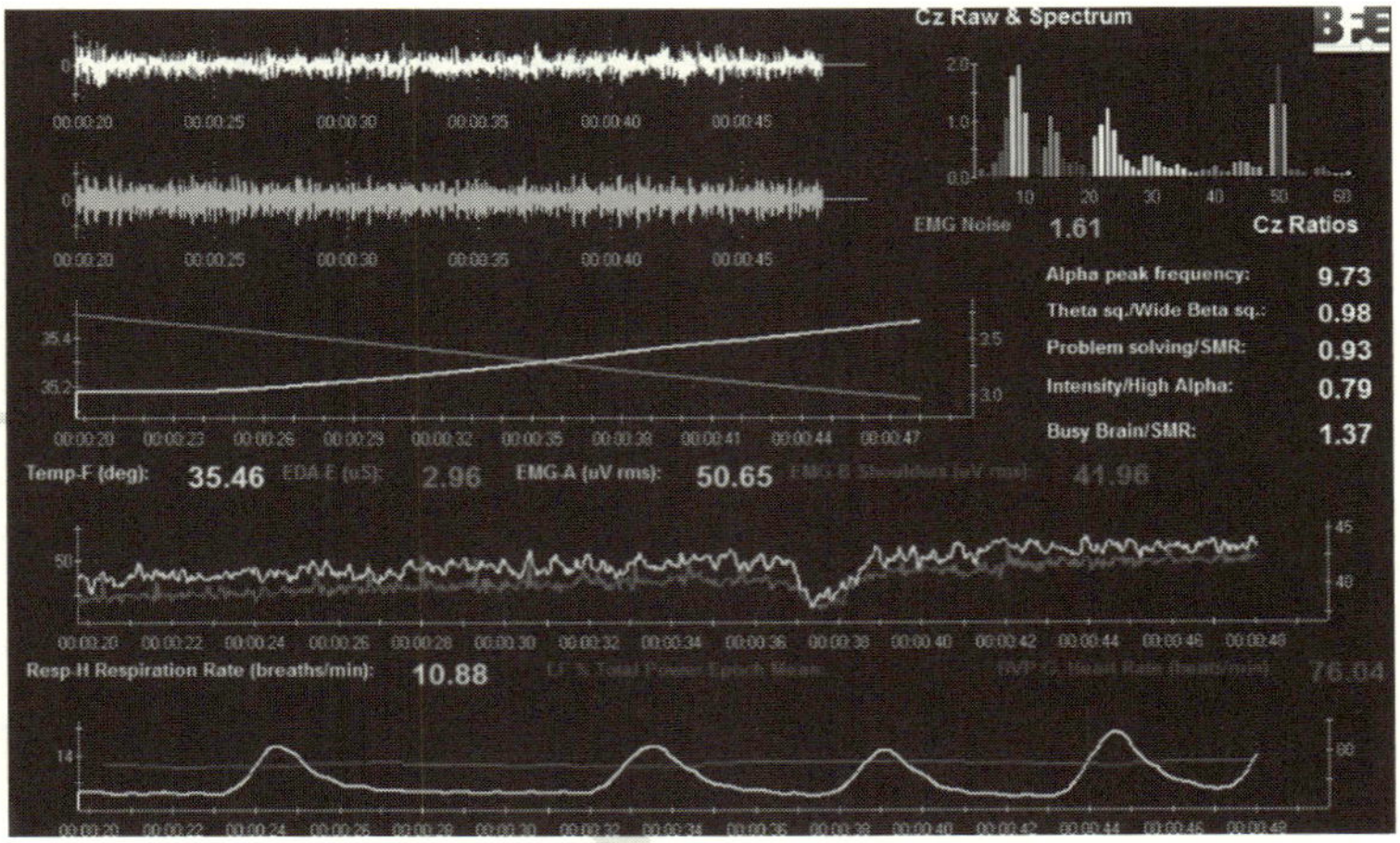

「ストレス・プロファイル」の実施画面。さまざまな身体計測データが同時にモニターされている。

定義は様々ですが、メンタルを改善する場合、方向性としては、イキイキする（アクティベーション）か、落ち着く（リラクセーション）かのどちらか一方しかありません。

高いパフォーマンスを発揮するには、既述しましたようにリラックスと集中のバランスがカギです。つまり、元々、脳の覚醒が低い、落ち着いているタイプには、アクティベーション（活性化）が必要ですし、脳の覚醒が高い、興奮しているタイプには、リラクセーション（沈静化）が必要になってきます。

こうすることで、リラックスと集中のバランスがとれたゾーン状態に近づくことができるようになるのです（右図「サイバーヨガ・モデル」参照）。

そこで必要になってくるのが、脳の覚醒タイプの分析です。この分析を事前に行なわず、一律的なトレーニング設定で行なった場合、トレーニング効果がきちんと出る人と、出ない人が出て来ることになります。

この分析方法は、「ストレス・プロファイル（精神生理学的ストレス検査）」と呼ばれ、海外のスポーツ科学分野を中心に広く取り組まれています。

通常、病院などの脳波や自律神経検査の場合、疾患の判別が目的ですので、基本的には安静状態での測定になります。

しかし、メンタルの分析として行なった場合、安静状態の分析だけでは足りず、ストレス状態での分析も合わせて行なう必要があります。メンタルは、安静状態とストレス状態の二つで一つだからです。

そこで、「ストレス・プロファイル」では、ストレス状態になったときにどの脳波がどれだけ増え、減るのか、そして、どのようなタイプのストレスに対して弱く、ストレスからの回復スピードは正常かどうかということが分析可能になってきます。

これらの生理学的検査と、心理学的検査、インタビューなどにより、多角的にその人の脳の覚醒タイプを分析していきます。

4　ACミランの秘密の脳トレ・ルーム「マインド・ルーム」

イタリア・サッカーの名門クラブであるＡＣミランには、「マインド・ルーム」と呼ばれる脳トレ・ルームが実在し、選手はここで毎日20分間の脳波トレーニングを受けていると伝えられています。

ＡＣミラン以外にもチェルシーＦＣ、Navy SEALs（アメリカ海軍特殊部隊）、ＮＡＳＡ、カナダ・オリンピックチームにて同様の科学的トレーニングが取り組まれています。

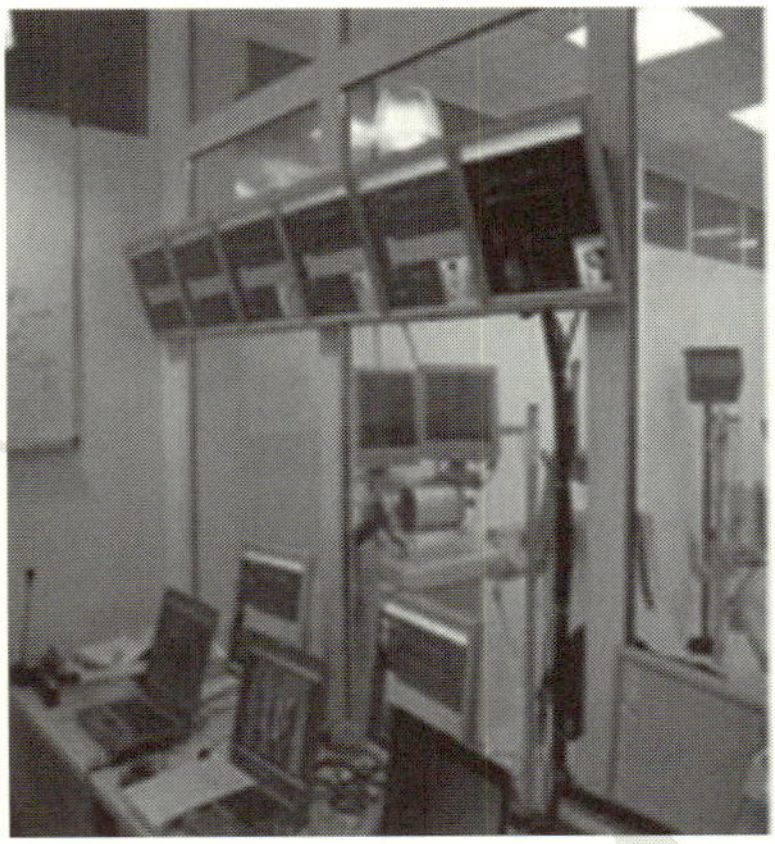

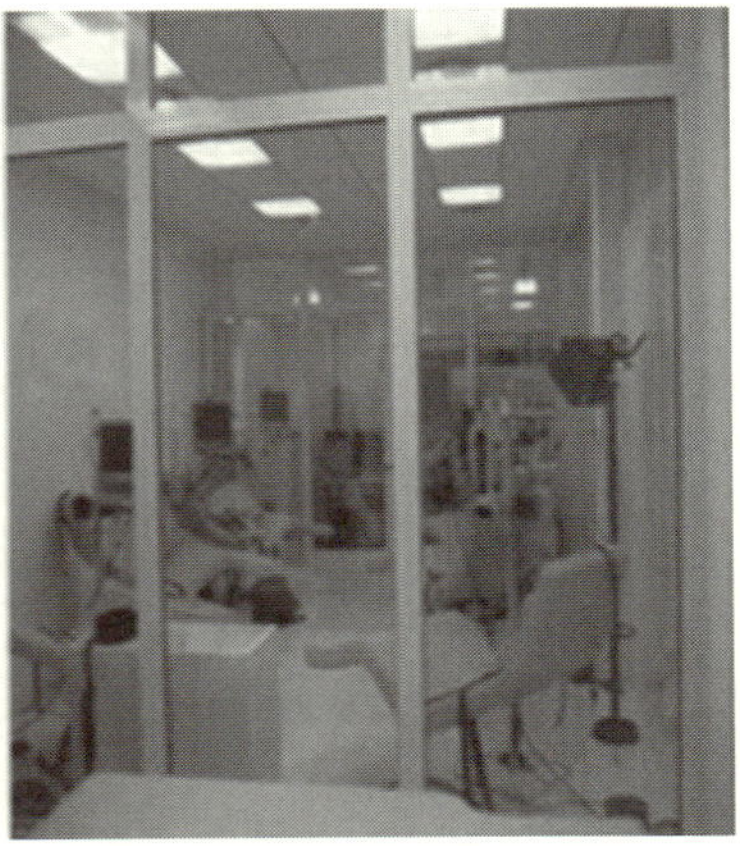

イタリアの名門サッカー・チーム、AC ミランの「マインド・ルーム」

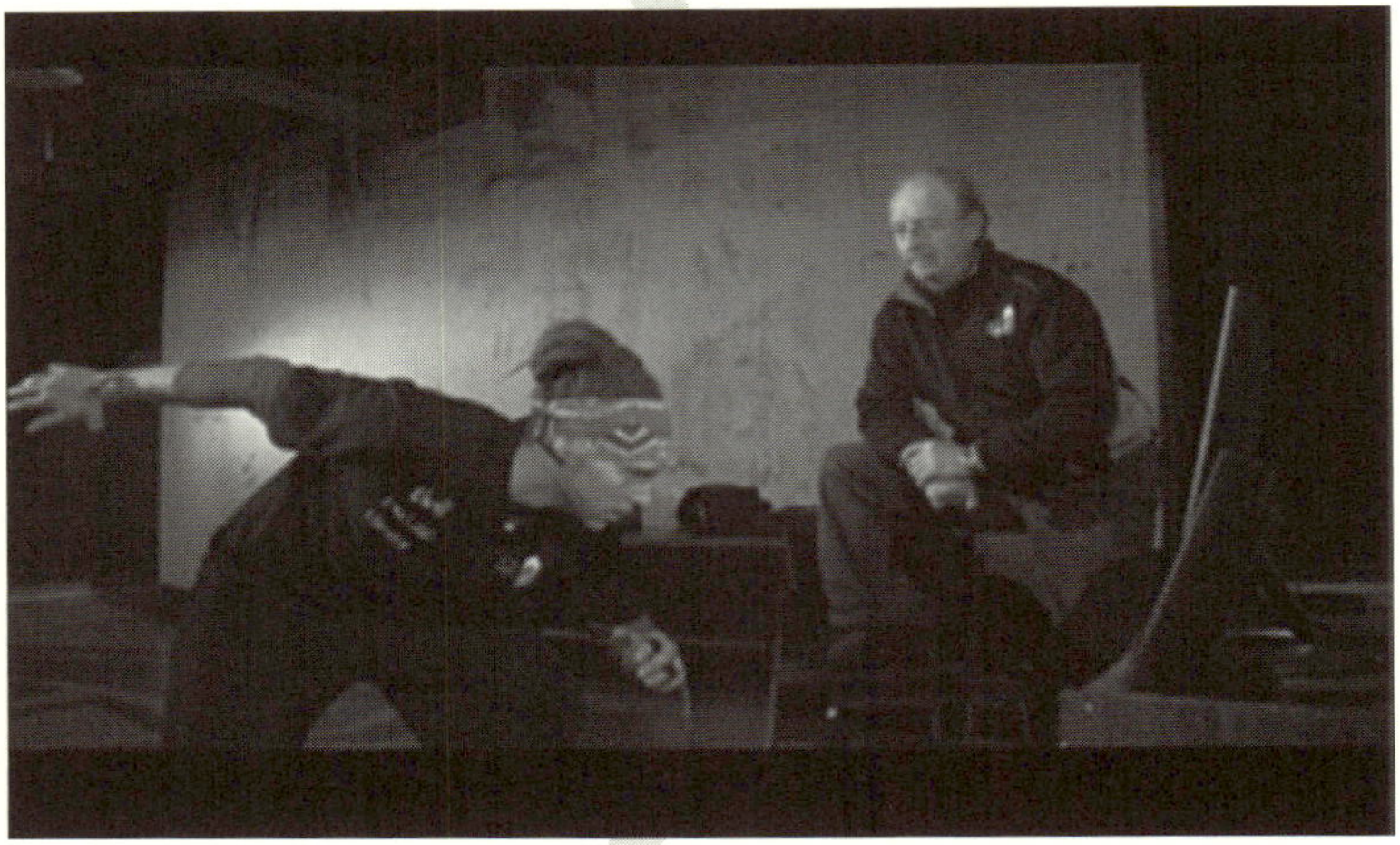

スピード・スケーターのメンタル・トレーニング風景

その目的は、最悪な状況下でも最高のパフォーマンスを発揮するためだと言われています。

今まで見えないとされてきた「心」の状態を数値化、〝見える化〟し、そのデータを駆使した科学的なメンタル・トレーニングが海外では主流になりつつあります。

5　己を知り、フィードバックさせることの大切さ

測定機器の使用によって心の状態、成長などを把握してさらなるトレーニングへ反映させられるようになったことにより、メンタル・トレーニングとしてのヨガは格段に成果があげやすくなったと言えるでしょう。

ヨガは元々、自身を内観してそれをフィードバックさせてゆくものです。しかし、そもそも正しく内観できているのか、また目に見えぬメンタルの問題となるとことさら〝思い込み〟に陥りがちなところがあります。

あがり症の人がいざという時にあがらなくなるように週一回の座禅を始めた。座禅を組んでいると心が平静になるので、なんとなく心が鍛えられてきたかなと思い込んでいたら、〝いざ〟という時、何にも変わっちゃいなかった、などというのは起こり得る話です。

メンタルは、フィジカルと同じように、鍛えて強くできるものです。そして、魔法のように突然強くなる方法がある訳ではありません。まずは自己の現状を正確にとらえることが大切です。

その点、武道の〝対人〟システムは、メンタルの意味合いでもフィジカルの意味合いでも、己を知るた

めには大きな利があるものです。自分の〝独りよがり〟はすぐに相手が指摘してくれるのです。

あたかも、悪い結果が出るのが嫌だから病院へ行かないという人と同じように、自己のメンタルを知ることが怖いと感じている方も少なくないかもしれません。しかし、そこを〝知ろう〟と思えるか否かが、7章に出てきた、「斬り結ぶ　太刀の下こそ地獄なれ　踏み込みゆけば　あとは極楽」を踏め込めるか否かの分かれ目のような気もします。

おそらく、本書を読んで下さっているのは、少なからず〝もっとメンタルを強くしたい〟と思っている方がほとんどなのではないかと思います。メンタルの強い人は心が1キロくらいあって弱い人は500グラムしかない、というような差がある訳ではありません。おそらくメンタルの強い弱いは〝紙一重〟です。目を背けたり〝独りよがり〟をやめて、正しく己を〝知ろう〟とした時、すでにメンタル強者への大きな一歩を踏み込んでいるのだと思います。

自己と向き合えたら、本当はそれ以上に怖いものなんて、ないでしょう？

後書き

武道空手道を含む東洋文化は、ヨガの哲学や呼吸法に大きな影響を受けていることは間違いないと思います。私は東洋哲学は、製鉄の技術によく似ていると思います。

鉄鉱石を、熱する事により不純物を取り除き、鉄を精製します。鉄鉱石は本来、鉄を含んでいる訳です。私達の人間性も精神性もそのようなものではないでしょうか。不純物を取り除いて純粋な鉄を抽出します。

この段階では、鉄は鉄であるだけで、他の意味は付加されていません。そこから鉄が何らかの道具に変化する事によって例えば鍬、例えば日本刀、例えば包丁、という風に言語学で言うところの下位概念になるにしたがって多様な意味が付加されていきます。その意味自体は解りやすくいうと、一つひとつのアプローチの違いが意味の違いをうみます。例えば武道、例えば華道、例えば茶道という風に分類され、道具に付加された意味の違いのように言語の多様性を生み出し、色々な意味が私達の生活を豊かにし、コミュニケーションの多様性を生み出し、文化を連綿と受け継ぐ見えざる手となっているのだと思います。

もともと人は鉄であると置き換えるのであれば、自分自身を純粋にし、人はあらゆる道具に変化できる可能性を秘めているのだと思います。

だからこそ、この世に存在するものは無価値ではなく、全てが尊重されるべき存在で、そこに武道の礼の精神も存在し、仏教で言うところの慈悲という大変高次元な観念も存在できるのだと思います。そこにこそ、私達の考える教育の根本もあるのだと私は思っています。

仏教の開祖であるお釈迦様は、この世の一切は無常である、と説きました。無常とは、この世の存在は一瞬たりとも同じ形を止めている事はなく、変化している、ということを表しています。あらゆる文化は、まさにこの無常観の表れであると思います。

ヨガの哲学を原点とし、時代の背景やその場所独特の文化と交じり合いながら、その地域独特の文化や時代の必要性と融合して変化を重ね我々の学んできた武道の中にも連綿とこの文化が継承されているのです。

辻先生と出会い、ヨガにふれた時に禅道会の技術や武道呼吸と驚くほどの類似点がある事が解り、無常という大原則の中、連綿と続く東洋文化が確かに伝承され私達の精神文化を根底で支えてきたのだと気付かされました。そしてその気づきの中から生まれた、人間観や感謝や調和の心がディヤーナ国際学園の設立や、今後の活動の基となっています。禅道会の禅をサンスクリット語で、〝ディヤーナ〟という言葉はもともとヨガの用語であり、修行法であるという事も不思議なご縁を感じずにはいられません。

今回この本を出版するにあたり、まずは共著となるサイバー・ヨガ研究所の辻先生、BABジャパン原田さんに感謝を述べると共に、様々な気付き、縁をもたらしてくれた、武道空手道やヨガという文化に、感謝しますと共に、この本をお読みになって下さる読者の皆様におかれましては、閉塞感に満ちた現代に生きる、子供達や社会人のストレスなども東洋文化の叡智である、武道空手道やヨガに触れることにより、是非解消して頂き、自らの心を守る。自らを受け入れ他者を尊敬して、希望に満ち溢れた人生となりますようにご祈念申し上げる次第です。

２０１６年５月

NPO法人日本武道総合格闘技連盟　理事長
空手道禅道会　首席師範　小沢隆

著者プロフィール

小沢隆（おざわ たかし）

1963年生まれ。1999年、空手道禅道会を発足。日本最大の総合格闘技団体に拡大させ、幾多の名選手を育て上げる。引きこもり、家庭内暴力児などの自立支援施設、"ディヤーナ国際学園"を開設し、武道と心理カウンセリングを融合させた教育スタイルは内外から高い評価を受けている。
著書：『バーリトゥードKARATE』『武道の心理学入門』(BABジャパン)

辻良史（つじ よしふみ）

1976年生まれ。博士（体育科学）。クンダリーニヨガの第一人者ヨギ・バジャン師に師事、2003年日本人男性として初のクンダリーニヨガ（ヨギ・バジャン伝）指導者認可を得る。2012年、筑波大学発のベンチャー企業として最新鋭のメンタル・トレーニングと伝統的なヨガの理論を融合させた「サイバー・ヨガ研究所」を設立。「ヨーガと脳機能、競技パフォーマンスの関係」についてアスリートを対象に研究・指導を行なっている。

撮影協力（モデル）：壇 由紀、石岡沙織（禅道会）

装幀：中野岳人

本文デザイン：リクリ・デザインワークス

対自分・対他者　心のトレーニング

ヨガ×武道 究極のメンタルをつくる！

2016年7月10日　初版第1刷発行

著　　者　小沢 隆・辻 良史
発 行 者　東口 敏郎
発 行 所　株式会社ＢＡＢジャパン
〒151-0073 東京都渋谷区笹塚 1-30-11 4・5F
TEL　03-3469-0135　　FAX　03-3469-0162
URL　http://www.bab.co.jp/
E-mail　shop@bab.co.jp
郵便振替 00140-7-116767
印刷・製本　株式会社暁印刷

ISBN978-4-86220-987-0　C2075

BOOK Collection

空手道禅道会　バーリトゥードKARATE

出稽古を繰り返し、レスリングやボクシングなどの技術をつぎはぎして個人のセンスで闘う総合格闘家が多い中、禅道会は呼吸力とバランスを使って身体的に優れていなくとも強者になりうる独自の技術体系を築き上げてきた。闘い方にセオリーはない。己を鍛錬し、協調性を重んじ、崇高な格闘家育成につとめる禅道会バーリトゥードKARATE、ここに見参!!

【SPECIAL対談】　近藤隆夫（スポーツジャーナリスト）×小沢隆（禅道会首席師範）

■NPO法人日本武道空手道連盟空手道禅道会

■AB判　■176頁　■本体1,700円+税

武道による青少年育成の現場からの提言　武道教育の実践

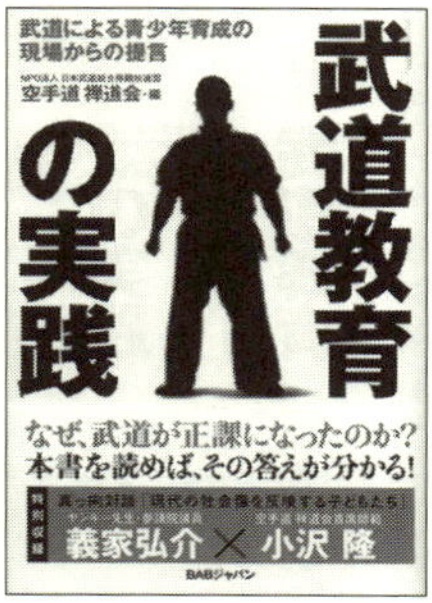

現代社会における武道の役割とは?　なぜ、武道が正課になったのか?　体当たりで子供達に向き合う、青少年健全育成・更生の最前線からの提言集!　※特別収録：真っ向対談「現代の社会像を反映する子供達」　義家弘介×小沢隆

CONTENTS：
1.空手道禅道会の誕生（小沢隆）／2.教育の原点（柳川昌弘）／3.24時間先生（荒井祐司）／4.真の強さとは（佐山サトル）／5.子どもは叱って育てる（原良郎）／6.偏りのない身体作りが人間的な成長を助ける（窪井正彦）／7.教育と経済　現代社会をどう生きるか（此下竜矢）／8.無意識と楽しさ、そして神様からのプレゼント（平直行）／9.人生はパズルのように（大島貢徳）／10.生きることの「点」と「線」（川岸克己）／その他

●空手道禅道会 編著　●四六判　●256頁 ●本体1,600円＋税

武道の心理学入門　武道教育と無意識の世界

心の弱さだけでなく、人の行動をも支配する「無意識の世界」。己の無意識を知り、自らを統御できる第三の眼を手に入れることこそ武道の本義である。武道による教育・社会貢献を志す空手道禅道会 首席師範 小沢隆による武道教育の実際と人間的成長への心理的解釈、そして上達への道を指し示す。

CONTENTS：
第1章　春（無意識の世界、自我防衛のメカニズム）／第2章　夏（コンプレックスの意識、原因と要因、主観的事実真実、他）／第3章　秋（現代社会の抱える問題点）／第4章　冬（有意注意力、有意注意力を高める為のポイント、執着と思考と集中、、他）／第5章 再び春 ～生きるということ～

●NPO法人日本武道総合格闘技連盟 空手道禅道会 小沢隆 著
●四六判　●288頁　●本体1,600円＋税

BOOK Collection

空手道の教育力

空手道が学校教育に最も適している理由

元空手道チャンピオンで、現役の校長先生が教える！　現代を生きる子ども達に必要な「力」を伸ばす。指導者の指導力を発揮する「機会」をつくる。空手道は高い「教育力」をもった、「教材」として非常に優れた武道です。本書には、空手道を教育に活かすための、様々なノウハウが詰まっています。

●小山正辰 著　●四六判　●223頁　●本体1,600円+税

武道家のこたえ　武道家 33 人、幻のインタビュー

20年前に行われ、当時の武道家達の武道観や武勇伝など貴重な証言を得られながらも、これまで公開されることはなかった幻のインタビュー集を公開。そして、そこに顕れる武道の極意（こたえ）を解説する。■本書に登場する達人・名人 33 人（空手道）東恩納盛男　岡野友三　馬場良雄　真下欽一　武田正男　塚沢秀安　三木和信　八尋静男　吉見猪之助　林輝男　新田吉次郎／（柔道）平田良吉　石原潔　松橋成男　島谷一美／（剣道）長井長生　清水千里　近藤利雄　時政鉄之助　吉武六郎／（合気道）斉藤守弘　植芝吉祥丸　米持英夫　高岡貞雄　火伏正文　佐藤益弘　横山茂　井口雅博　磯山博　佐々木の将人　野中日文　広瀬二郎／（大東流）武田時宗　敬称略

●柳川昌弘 著　●四六判　●184頁　●本体1,600円+税

「目で捉えられない」身体操作を3つのキーワードで修得！

“見えない”空手の使い方

武道空手の「理」。先人が遺した武道としての空手には、スポーツ化で失われてしまった「小よく大を制す」深遠な術理が存在する。本書では、その理を分かりやすく3つの要素に分解し解説。

●柳川昌弘 著　●四六判　●219頁　●本体1,500円+税

空手と禅　身体心理学で武道を解明！

マインドフルネスが導く“全方位的意識”へ

武道の本質は格闘スポーツではなく、マインドフルネス的活動（「今ここ」の身体を追求すること）だった。呼吸を重視して徒手で単独形を行う空手は、特に禅的アプローチがしやすい。古の達人が到達した境地へ身体心理学から迫る！意識のエクササイズ、呼吸のエクササイズ、マインドフルネス瞑想、坐禅、空手禅（サンチン形エクササイズ）etc…。すぐに試せる実践方法も紹介

●湯川進太郎 著　●四六判　●228頁　●本体1,500円+税

空手！極意化への道

「どうすれば、いつまでも武術として使えるのか――」

型で創る勁力を技化せよ！　極真空手家・西田幸夫の発見と実践！パワー重視の極真空手で初期から活躍してきた著者が、中国武術・大東流合気柔術・沖縄空手等の伝統武術から見出した「柔の術理」により、武術空手の真髄へ踏み込んだ！剛の発端が柔の極まりであり、柔の発端が剛の極まりでもあるような、途切れず、かつ対立しない状態を技の中にも表現できたとき、清武会の考える武術の理想形となる！

●西田幸夫 著　●A5判　●248頁　●本体1,600円+税